Saggi Tascabili Laterza
424

Vittorio Meloni

IL CREPUSCOLO DEI MEDIA

Informazione, tecnologia
e mercato

Editori Laterza

www.laterza.it

Prima edizione maggio 2017

Edizione
1 2 3 4 5

Anno
2017 2018 2019 2020 2021

Questo libro è stampato
su carta amica delle foreste

Stampato da
SEDIT - Bari (Italy)
per conto della
Gius. Laterza & Figli Spa
ISBN 978-88-581-2869-5

“Solo di questo ti prego [...] non permettere
che l’antico nome mutino i nativi Latini,
per divenire Troiani, né che siano chiamati Teucri,
né che gli uomini mutino lingua, o che cambino
le vesti. [...] Lascia che sia caduta Troia
insieme al suo nome”.

Virgilio, *Eneide*, XII, 1018-1028

IL CREPUSCOLO DEI MEDIA

INTRODUZIONE

Il mondo della comunicazione e dell'informazione così come lo conosciamo si sta dissolvendo sotto i nostri occhi. La profezia, più volte ascoltata in questi anni, sulla fine dei giornali e dei media tradizionali si sta avverando. Ma, a differenza di quando venne annunciata, quella profezia oggi non suscita più scalpore. Il profeta – lo dice l'antica parola greca – è colui che parla per primo. Forse l'ha fatto troppo presto, perciò è rimasto inascoltato.

È singolare, però, che mentre i giornali declinano verso tirature sempre più ridotte, mentre le tv patiscono la concorrenza micidiale delle piattaforme digitali e web, e si affermano nuovi canali di comunicazione, tutto appaia come sospeso.

Si guarda a questo fenomeno con fatalismo, come a un inevitabile appuntamento col destino. Intanto, ci si batte per il controllo di grandi gruppi editoriali nel tentativo di resistere all'assalto dell'economia digitale e di rafforzare, quando possibile, le roccaforti della *old economy*. È quello che sta accadendo con l'annunciata acquisizione, ancora aperta, di Time Warner da parte di At&t, per trasferire nelle reti della più forte infrastruttura telefonica Usa lo straordinario catalogo di uno dei più grandi *content producer* del mondo. Due protagonisti tutt'altro che in declino, che reagiscono all'emergere di nuovi, aggressivi operatori nel campo dei media. Analoghe operazioni puntano in Europa a dar vita a grandi complessi multinazionali, come potrebbe accadere per effetto dell'assalto che Vivendi, il campione francese di media e tlc, ha lanciato su Mediaset per creare, magari, un nuovo gruppo multimediale fondendola insieme a Telecom, l'ex monopolista della telefonia controllato di fatto dall'azienda francese. Anche se, al riguardo, le difficoltà regolamentari paiono insormontabili.

Battaglie che si svolgono sullo sfondo di una trasformazione ormai molto pronunciata, che sta ridisegnando, a velocità accelerata, il profilo dell'economia "tradizionale". Dall'industria ai servizi, dalla distribuzione alla ricerca, dall'educazione al lavoro, tutto cambia intorno a noi.

La rivoluzione digitale ormai non è più tale: *Being Digital* di Nicholas Negroponte, il primo tra i profeti del nuovo mondo, è del 1995. Da allora quella rivoluzione, che quando venne postulata dal fondatore del Media Lab del Massachusetts Institute of Technology sembrava a molti pura fantascienza, si è progressivamente trasformata nel nuovo regime, che avanza impetuosamente e lascia dietro di sé straordinarie, continue innovazioni insieme alle macerie fumanti dell'*ancien régime*. Un'armata di imprenditori del terzo millennio sta prendendo ogni giorno il controllo di nuovi avamposti. Che poi, nel campo dei media, altro non sono se non i luoghi e gli attori di un modo di percepire la società in cui viviamo e di riconoscersi in essa.

Per chi proviene dall'Età dell'Esposizione[1] – come avrebbe detto Neil Postman, cantore della "mentalità tipografica" -- scompare a poco a poco il paesaggio nel quale avevamo vissuto fino a ieri. Lo scenario inedito di un mondo senza media è ancora di là da venire, e forse non ci sarà mai. Se il nuovo avanza ancora privo di canoni e format condivisi, le trasformazioni sono ormai così profonde da rendere difficile riconoscere le sembianze dei protagonisti tradizionali dell'informazione. Anche se, alla fine, il "Washington Post" – tanto per citare una delle più autorevoli e leggendarie testate dell'opinione pubblica *established* – è ancora lì e conduce le sue battaglie come in passato, nonostante se lo sia comprato Jeff Bezos, boss di Amazon. Sennò avrebbe chiuso.

L'onda d'urto della nuova economia digitale si sta scaricando con enorme potenza sul mondo dei media, producendo contemporaneamente, da un lato, crescente frammentazione delle modalità con cui riceviamo e trasmettiamo notizie e opinioni e, dall'altro, concentrazione in un'unica piattaforma di quello che un era tempo separato e distinto. È ciò che Timothy Garton Ash[2] definisce divergenza e convergenza, in un universo in cui media, consumatori, lettori, audience, attivisti, elettori si confondono in uno

[1] Neil Postman, *Divertirsi da morire. Il discorso pubblico nell'era dello spettacolo*, Marsilio, Padova, 2002, prima ed. italiana Bollati Boringhieri, Torino, 1985.

[2] Timothy Garton Ash, *Free Speech. Ten Principles for a Connected World*, Atlantic Books, London, 2016.

scambio continuo di ruoli, in un flusso *multi-device* di contenuti, stimoli, reazioni. Un processo veloce e cangiante, di cui è quasi impossibile scattare una fotografia duratura e che sta mettendo in discussione il patrimonio plurisecolare dell'informazione, giunta come industria e come sistema di valori e di relazioni a un punto di svolta.

Tra i grandi cambiamenti guidati dalle nuove tecnologie quello che investe i media è, con tutta evidenza, uno dei più profondi e dalle più vaste implicazioni. Da generazioni, le nostre vite individuali e collettive sono scandite dal ritmo di un mondo che giornali, radio e tv interpretano secondo uno schema che ci è familiare, ma che non sarà più tale. Stiamo entrando in un'era nuova e piena di opportunità che affida a ciascun individuo il potere straordinario di partecipare direttamente alla formazione di notizie e opinioni. Ma questa, forse, è solo la classica faccia di una medaglia il cui rovescio rivela lati meno promettenti, come la pseudoinformazione e la post verità, la perdita di contatto con la propria comunità, la distrazione continua dalle priorità che danno senso e identità.

Questo cambiamento nessuno lo può fermare, ma si può imparare a comprenderlo e a gestirlo partendo, dati alla mano, da ciò che sta già accadendo, dalla sua velocità e intensità. Comprensione che qualche volta sembra mancare, paradossalmente, alle élites e a molti tra gli addetti ai lavori – editori, giornalisti, manager –, stretti tra difesa dello status quo e slanci innovativi, qualche volta velleitari. Un deficit culturale che, se non superato, impedirà a questa industria di gestire una transizione digitale senza essere travolta.

Un compito che investe non solo il mondo dell'informazione e dei media ma un intero paese, che deve fare i conti, contestualmente, con la sua inadeguatezza in fatto di competenze e con la sua consapevolezza civile se vuole difendere e mantenere nel tempo la sua forza economica, la ricchezza e l'ineguagliata varietà dei suoi saperi, il suo stile di vita. E che tocca da vicino la vita stessa delle imprese, che di comunicazione vivono e che subiscono la rapida obsolescenza di canali per informare, promuovere, distribuire, vendere. Ciò mentre il *digital divide* – che affligge soprattutto le piccole e medie aziende nostrane, colonna portante della ricchezza del paese – rischia di ridurre enormemente il potenziale di crescita di un'intera economia.

Partiamo, dunque, da cosa è accaduto nel mercato dei media in questi anni più recenti, soprattutto in Italia, e da ciò che ragionevolmente ci attende nei prossimi. Quelli decisivi.

1

LA SCOMPARSA DEI LETTORI, LA FRAMMENTAZIONE DELLE AUDIENCE

I GIORNALI

Quotidiani: dieci anni su un piano inclinato

I numeri di questa trasformazione sono eloquenti. Se prendiamo in considerazione il periodo 2007-2016[1] i lettori di quotidiani sarebbero scesi, secondo il Censis, del 26,5%. Un dato tra i più ottimisti tra quelli disponibili perché, ad esempio, i calcoli di Ads (la società che accerta gli andamenti di vendite e diffusionali di quotidiani e periodici) sono molto più pesanti. Essi rivelano che le vendite complessive di quotidiani (una sessantina di testate esaminate, incluse le sportive) nello stesso arco di tempo 2007-2016 sono passate da 5,8 milioni a 3 milioni di copie giornaliere, con una riduzione di oltre il 48%. Una contrazione che sembra persino accelerare, con una ulteriore diminuzione delle vendite a gennaio 2017, rispetto all'equivalente mese dell'anno precedente, del 12%.

Un crollo devastante[2], che si è aggravato proprio a

[1] *I media fra élite e popolo*, XIII Rapporto Censis sulla comunicazione, Franco Angeli, Milano, 2016.

[2] La vistosa differenza tra i dati Censis e quelli Ads o Fieg – la Federazione italiana editori giornali – ha a che vedere con la loro natura.

partire dai primi anni della recente, interminabile crisi, quando la riduzione delle vendite di quotidiani ha subìto un'accelerazione: in soli cinque anni, dal 2011 al 2016, le copie giornaliere vendute si sono ridotte di oltre un milione di unità[3]. Il risultato complessivo nasconde, inevitabilmente, andamenti particolari anche più negativi, soprattutto se confrontati con i picchi di vendita che si registravano fino all'inizio del primo decennio di questo secolo.

Se prendiamo, infatti, i primi sei quotidiani d'informazione per vendite ("Corriere della Sera", "la Repubblica", "La Stampa", "Il Messaggero", "QN-Resto del Carlino", "Il Sole 24 Ore"), nel periodo 2007-2016 il numero di copie si è ridotto di oltre la metà, superando di poco quota 1 milione di unità. Oggi i primi due quotidiani sfiorano, a turno, la linea di resistenza delle 200 mila copie al giorno vendute in edicola. Una trincea che sembra destinata a cedere.

Parliamo di testate che, nei primi anni Duemila, dichiaravano un venduto medio intorno alle 600 mila copie, con *readership* (valore che indica la base effettiva di lettori calcolata a partire dalle copie vendute) superiori a 2,5 milioni/giorno[4]. Quotidiani che, quando accoppiavano alla testata principale supplementi di successo o i cosiddetti "collaterali"[5] (guide, enciclopedie, gadget), facevano girare le rotative fino

La ricerca Censis è di tipo campionario, le altre fonti contabilizzano e confrontano nel tempo le vendite. I dati Censis, peraltro, si riferiscono all'universo dei lettori e non agli acquirenti effettivi di quotidiani.

[3] R&S Mediobanca, *Focus sull'editoria*, Milano, 2016.

[4] Indagine Audipress 2004.

[5] Un business, quello dei collaterali, che non ha incrementato la lettura effettiva dei quotidiani né fidelizzato i clienti/lettori ma che,

a stampare 1,3-1,5 milioni di copie, per una vendita che si collocava abbondantemente sopra il milione di copie in edicola. Se poi spingiamo lo sguardo appena più sotto nella classifica e osserviamo il venduto dei successivi tre maggiori quotidiani, si fatica oggi a raggiungere la soglia delle 100 mila copie e talvolta delle 50 mila, vendute attraverso i canali tradizionali, principalmente edicole.

La riduzione della base dei lettori paganti non si arresta. In base ai dati Ads nel periodo gennaio-dicembre 2016, le vendite complessive dei sei maggiori quotidiani sono calate in media del 12% circa rispetto all'equivalente periodo del 2015 (non considerando le anomalie nel calcolo del venduto del "Sole 24 Ore".

A questa contrazione senza fine la vendita di copie in formato digitale non sembra in grado di fornire un'adeguata compensazione. Escluso dal conteggio "Il Sole 24 Ore", che registrava, sulla base dell'ultimo dato disponibile, un numero di copie digitali che è un multiplo delle copie vendute attraverso il canale edicola (fatto che ha suscitato a suo tempo polemiche e l'apertura di un'inchiesta giudiziaria), gli altri grandi quotidiani veleggiano attorno a percentuali mai superiori, nella migliore delle ipotesi, al 20% del totale.

Nella maggior parte dei casi, il trend delle copie digitali negli ultimi anni manifesta una tendenza alla crescita modesta e non sembra prossimo ad accelera-

a suo tempo, ha spinto le vendite in edicola e generato sostanziosi profitti aggiuntivi, rivelatisi poi una bolla.

re, nonostante la significativa diffusione di dispositivi digitali, in particolare i tablet. Per di più, all'aumento delle copie digitali cosiddette "replica", che avrebbero superato quota 450 mila, corrisponde una contrazione delle copie su carta ben superiore.

D'altra parte, si stima che l'accesso a Internet via tablet in Italia raggiunga il 5,7% del totale, una base decisamente inadeguata alla progressiva sostituzione di canali distributivi tradizionali, come le edicole. La media degli accessi Internet con dispositivi mobili ha superato nel mondo la metà del totale (51,3%), con punte molto elevate nel Nord Europa e negli Stati Uniti. In Italia cresce l'accesso da smartphone, oggi intorno al 30%. Per non parlare della penetrazione di Internet (via banda larga) che in Italia raggiunge il 53% circa, contro il 90% della Gran Bretagna, il 77,8% della Francia, il 76,5% della Germania[6]. Questi dati spiegano in parte la maggior tenuta dell'andamento delle vendite dei quotidiani in questi paesi, dove peraltro l'abitudine alla lettura è storicamente più forte (ma anche lì in drammatica difficoltà) e si è in qualche caso trasferita sulle piattaforme digitali in misura più consistente che da noi.

Da qualche anno a questa parte, nel tentativo di contrastare l'immagine di prodotti in profonda crisi di vendite, gli editori di quotidiani si sfidano in epiche battaglie per dimostrare di avere mantenuto posizioni di leadership. Ciò è reso possibile dalle molte misurazioni che compongono il quadro delle vendite dei quotidiani: edicola, abbonamenti, copie

[6] GroupM, *Research & Insight on TYNY Interaction*, luglio 2016.

digitali, abbonamenti digitali multipli, copie gratuite ecc. Chi perde la competizione per copie totali vendute si può magari consolare con la prima posizione in edicola o nel venduto digitale; chi soffre in edicola può cercare di valorizzare il dato degli abbonamenti, specie se digitali. Insomma, i numeri possono essere un po' imbellettati, ma alla fine il trend è molto evidente. Si litiga, tra editori, guardando il dito che punta il cielo, senza vedere la luna con i suoi oscuri presagi.

Una spaccatura generazionale

Sono le proiezioni di medio-lungo periodo a preoccupare ancora di più gli editori di carta stampata. L'analisi socio-demografica dei lettori di quotidiani traccia un quadro molto problematico. In fatto di diffusione di quotidiani l'Italia vanta da sempre, tra i grandi paesi europei, un primato negativo. Se prendiamo, ad esempio, il periodo del secondo dopoguerra fino agli anni Ottanta-Novanta, i lettori di quotidiani erano stimati in complessivi 5,3-6,8 milioni (compresi circa 750 mila lettori di quotidiani sportivi). Le rivelazioni da cui discendevano quei dati non erano considerate attendibili, ma il mercato le riteneva nel complesso tali e, non esistendo altri sistemi di indagine, esse restano un punto di riferimento. Dall'analisi di quei dati emerge che, sul totale della popolazione, alla fine degli anni Novanta la percentuale di lettori abituali di quotidiani in Italia era pari a 128 ogni 1.000 abitanti. Un dato che si confrontava con una media europea decisamente più elevata e che collocava il nostro paese nella fascia più bassa del *ranking*, molto alle spalle di Gran Bretagna (383/1.000), Germania (371/1.000), Francia (181/1.000), per non parlare di campioni di lettura come Norvegia, Finlandia, Danimarca[7].

La relativamente bassa diffusione dei quotidiani era però coerente con altri dati riferibili ai consumi e alla caratteristiche socio-culturali della popolazione. La lettura di libri, ad esempio, è rimasta stabilmente confinata in percentuali piuttosto contenute. Poco più del 42% della popolazione dai sei anni in su legge almeno un libro all'anno, percentuale tra le più basse in Europa.

Anche la scolarità era coerente con una penetrazione dei quotidiani meno elevata che altrove. Ancora oggi, circa il 60% della popolazione non possiede titoli di studio superiori alla terza media; la percentuale dei laureati (25-64 anni) sul totale della popolazione è del 22%, poco più della metà della media europea.

D'altra parte l'Italia non è mai stata considerata, nemmeno dai suoi intellettuali più attenti alle dinamiche socio-economiche, un paese colto a sufficienza da potersi confrontare con il resto dell'Europa continentale in fatto di abitudini civili. Paolo Sylos Labini, autore di un ritratto del nostro paese ancora attuale, definiva con una certa asprezza gli italiani "un popolo di semi analfabeti"[8]. Al di là della durezza del giudizio, non si può negare che la cultura degli italiani, scuola a parte, non sia mai stata veramente al centro delle attenzioni di politica e istituzioni, e ciò è oggi

[7] World Association of Newspapers, 2002, http://www.ediland.it/WPP-content/uploads/2015/09/Rapporto2002.pdf.

[8] Paolo Sylos Labini, *Saggio sulle classi sociali*, Laterza, Roma-Bari, 1976.

*CENSIS: Centro Studi Investimenti Sociali. istituto di ricerca ('64)

unanimemente considerato uno dei fattori che più di ogni altro riduce la competitività del nostro paese.

Fermo restando il basso livello complessivo di lettura, la distribuzione dei lettori tra diversi segmenti anagrafici è però rimasta, nell'insieme, uniforme per un lungo periodo di tempo, cosa che ha assicurato agli editori un costante ricambio con l'ingresso progressivo delle nuove generazioni tra i consumatori di informazione.

Certo, la lettura di quotidiani e periodici di politica e di attualità non superava del tutto alcune barriere sociali, ma non è mai parsa afflitta da problematiche generazionali. Anzi, se guardiamo proprio agli anni della rivolta giovanile e studentesca, dal '68 alla fine degli anni Settanta, i quotidiani hanno conosciuto una nuova primavera, con la fondazione di molte nuove testate (una per tutte: "la Repubblica") e un'attenzione alla politica che inevitabilmente valorizzava la funzione dei quotidiani. In quel periodo si registrava, peraltro, anche il boom delle radio libere e, poco dopo, l'esplosione delle tv commerciali.

Il progressivo allontanamento dalla lettura dei quotidiani da parte dei giovani si è manifestato con nettezza in epoche più recenti e ormai investe aree molto ampie. Oggi i consumi culturali e mediatici dei giovani si distanziano sempre di più da quelli del resto della popolazione. Secondo il Censis*, la penetrazione della carta stampata sfiora a stento, tra i giovani in età compresa tra 14 e 29 anni, il 30%[9]. Ma c'è chi ritiene questo dato significativamente amplificato dalle risposte

[9] *I media fra élite e popolo*, cit.

del campione, che non corrispondono all'entità effettiva dei consumi mediatici in questa fascia anagrafica. Cioè, alla domanda: "Leggi abitualmente un quotidiano?", la risposta è spesso positiva ma non sincera, come accade con le domande che stimolano reazioni condizionate dal giudizio dell'ambiente esterno. Dire: "Non leggo nulla" appare a molti un comportamento socialmente non allineato agli standard.

Fino agli inizi di questo secolo la lettura più o meno continuativa di un quotidiano coinvolgeva, sia pure in maniera non omogenea, circa il 44% dei giovani tra i 14 e i 30 anni[10]. Da allora la contrazione è stata continua. Il risultato è che interi settori della nostra gioventù hanno consuetudini di lettura nemmeno lontanamente paragonabili a quelle delle generazioni precedenti. Si tratta, pur con le dovute differenze, di un fenomeno che investe l'intero mondo civilizzato. Il contatto con la stampa, quando esiste, è saltuario ed estremamente discontinuo, sostituito dalla fruizione di notizie via web, non necessariamente su base quotidiana.

Il quotidiano in quanto tale è già di fatto scomparso dalle abitudini d'acquisto dei giovani, e la fascia d'età investita dal fenomeno si sposta verso l'alto di giorno in giorno. I lettori che utilizzano come strumenti d'informazione abituale i quotidiani si concentrano tra gli over 65[11]. Quando questi lettori passano a miglior vita non trovano successori in numero adeguato, fatto che più di qualunque altro mette a rischio l'esistenza dei

[10] *Giovani & Media*, III Rapporto Censis sulla comunicazione, Franco Angeli, Milano, 2003.

[11] Secondo l'indagine Censis già citata (*I media fra élite e popolo*), si tratta del 49,4%.

quotidiani e dei periodici, in un arco temporale non lungo. Come vedremo più avanti, i giovani si sono già trasferiti armi e bagagli nel mondo della rete e delle sue piattaforme social. È lì che cercano e trovano l'informazione. Ammesso che la si possa ancora definire tale.

La frattura sociale e culturale

Se ne parla con insistenza da quando la crisi finanziaria iniziata nel 2007-2008 ha investito duramente l'economia reale. Il ceto medio, forza trainante dei consumi di beni durevoli e no, ha pagato un prezzo molto alto in fatto di reddito disponibile e di patrimonio. Le ricerche[12] dicono che la fascia di famiglie appartenenti a questa classe si è ridotta dal 57,1% al 38,5% tra il 2007 e il 2015. In altre parole, 3 milioni di famiglie in meno.

Sono gli effetti di una congiuntura a lungo negativa che ha prodotto una grande distruzione di posti di lavoro e allargato a dismisura la precarietà di molta occupazione, tra i giovani e non solo. A ciò si sono aggiunte le conseguenze di politiche economiche che hanno colpito con durezza la colonna portante degli investimenti patrimoniali degli italiani: la casa, penalizzata da un super prelievo fiscale che ha avuto come effetto collaterale il crollo istantaneo del mercato immobiliare e dei suoi valori, non ancora recuperati se non marginalmente. A tale provvedimento ha fatto da amplificatore una riforma draconiana della pensioni,

[12] Giuseppe Russo (a cura di), *Risparmiatori, classe media: si torna a guardare al futuro*, Indagine sul risparmio e sulle scelte finanziarie degli italiani, Centro Einaudi, 2015.

che ha colpito centinaia di migliaia di famiglie, i cui percettori di reddito si sono trovati improvvisamente senza stipendio e senza pensione. Parliamo dei famosi esodati, categoria della quale non conosciamo ancora oggi l'ampiezza effettiva, anche se sappiamo che l'insieme dei cosiddetti "interventi di salvaguardia" li valuta in oltre 200 mila, dato che peraltro non sembra finale.

Ma se le ricerche economiche e sociali fotografano senza esitazioni il progressivo slittamento verso il basso di un ceto fino a pochi anni fa in espansione, è l'autopercezione che ci consegna il dato più impressionante. Le indagini condotte da Ilvo Diamanti[13] segnalano che in circa dieci anni, nel periodo 2006-2016, la dichiarata appartenenza al ceto medio è scesa dal 60% al 39%, mentre quella alla classe bassa/medio bassa ha raggiunto il 54%, cioè la maggioranza assoluta della popolazione. Il ceto medio, dunque, si sente proletarizzato molto di più di quanto attesti la dinamica dei redditi. Se poi guardiamo alla fascia più alta, la borghesia, qui l'appartenenza quasi si dimezza, passando dal 12% al 7%. Della serie, anche i ricchi piangono.

Insomma, la crisi e i suoi maldestri gestori hanno interrotto, forse definitivamente, un percorso che, pur manifestando da tempo rallentamenti, sembrava fino a pochi anni fa una certezza sulla quale milioni di famiglie basavano le proprie scelte. Si è incrinato il modello che vede il ceto medio come struttura sociale che si allarga e si consolida, che fa da ascensore sociale per le nuove generazioni, che rende stabile e

[13] Si tratta dell'Osservatorio Trimestrale Capitale Sociale, condotto da Demos & PI, in collaborazione con Coop, sondaggio aprile 2016, http://www.demos.it/a01269.php.

sicuro il sistema economico, che foraggia con i suoi risparmi la crescita del paese. Fino al 2007 tutti gli indicatori segnalavano un progressivo miglioramento socio-economico, con uno spostamento di segmenti crescenti di popolazione verso classi sociali più agiate. Invece, la possibilità di progettare un futuro migliore per sé e per i propri figli in un ambiente dinamico e in crescita si è contratta, e nella percezione – e, probabilmente, anche nella realtà economica e sociale – di molti si è del tutto spenta.

Tutto questo ha prodotto un allontanamento di questa fascia sociale, centrale nel paese, dalla lettura dei giornali. Un conto, infatti, è fare parte di un ceto che guarda verso l'alto e che proietta le sue aspirazioni nel mondo di valori e priorità tipici dell'establishment; un altro è essere alle prese con la progressiva perdita di potere d'acquisto e con il graduale scivolamento verso il basso della propria posizione sociale. L'establishment diventa, in poco tempo, lontano e ostile, si trasforma in casta; i "suoi" giornali diventano la voce di una classe dirigente che non è più percepita come modello. Siamo alle prese con un fenomeno molto complesso, che è visibile in queste e altre forme anche altrove (si pensi agli Stati Uniti) e che ha ispirato la retorica del 99% contro l'1% di privilegiati. Uno degli effetti più discussi della globalizzazione.

D'altronde, parlando di ceto medio e di influenza della carta stampata, non si può fare a meno di ricordare che la vittoria di Donald Trump su Hillary Clinton si è consumata anche a spese di chi, tra i giornali d'opinione americani, aveva apertamente sostenuto la candidata democratica e avversato in modo molto forte il *front runner* repubblicano. Più di 200 testate, tra cui la maggior parte dei più venduti quotidiani americani, avevano sponsorizzato Hillary, contro la quasi totale assenza di sostegno di quello stesso mondo editoriale nei confronti di Donald. Con la solitaria, eloquente, eccezione del "Las Vegas Review Journal", di proprietà di Sheldon Adelson, miliardario dei casinò che è anche uno dei maggior finanziatori del Partito Repubblicano.

L'opposizione a Trump dell'establishment dei media tradizionali statunitensi non aveva a che vedere soltanto con le sue opinioni politiche, ma anche con la sua concezione dei rapporti tra pubblicità e informazione. Il neopresidente degli Stati Uniti, già durante la campagna elettorale, aveva manifestato idee molto diverse da quelle in vigore nella stampa sulle implicazioni della comunicazione commerciale sui giornali. Un tema in evidenza anche da noi, vista la piega ancora negativa (e sempre meno efficace) degli investimenti pubblicitari tradizionali. Lo stesso Rapporto Censis 2016 sulla comunicazione, intitolato non a caso *I media tra élite e popolo*, parla di una "sfiducia nelle classi dirigenti al potere e di un rigetto di istituzioni [...] che si saldano alla fede nel potenziale di emancipazione [...] attribuito ai processi di disintermediazione resi possibili dalla rete". Parole che, al di là del linguaggio un po' oscuro, segnalano il crescente distacco dai media tradizionali che porta la quota di tutte le persone estranee ai mezzi stampa all'inedita percentuale del 54,6% della popolazione (oltre il 61% tra gli under 30)[14].

[14] *I media fra élite e popolo*, cit.

La crisi, infine, pesa su molti acquisti, tra cui i giornali. Sappiamo che gli italiani hanno rinunciato ad alcuni beni di consumo, ad esempio in campo alimentare, o ne hanno ridotto le quantità, destinando i risparmi aggiuntivi a rafforzare le riserve di sicurezza in una fase di perduranti incertezze economiche. Questi "tagli" hanno colpito anche i giornali e i consumi culturali in genere. Dal 2007 al 2015, ad esempio, la spesa delle famiglie per libri e giornali è scesa del 39%[15]. Oltre ai numeri e alle riflessioni sociologiche, c'è poi l'evidenza dei comportamenti. Basta salire sul vagone di una metropolitana nell'ora di punta e fare il confronto con quanto potevamo vedere solo fino a pochi anni fa. I lettori di quotidiani non ci sono praticamente più; sono scomparsi anche quelli della stampa *free*.

Linguaggi, lettura, lettori

Parliamo ancora di quotidiani, una potente e gloriosa istituzione promossa dall'ascesa della borghesia la quale, a partire dal XVII secolo, si è data strumenti di informazione e di iniziativa politica noti come "gazzette". Nati nelle grandi città europee, ebbero a Londra con il "Times" uno dei più riusciti format, divenuto di fatto il canone dell'editoria quotidiana di mezzo mondo, Italia inclusa.

"The Times" non fu subito un fulgido esempio di correttezza e neutralità, accettando contributi economici non trasparenti e praticando anche forme di

[15] *Ibidem*.

censura verso argomenti non graditi. Ma questo stadio nascente dopo un po' di tempo lasciò spazio ai valori e alla qualità di un giornalismo che, gradualmente, divenne l'esempio a cui ispirarsi. A quei "nuovi" principi ancora oggi le testate libere e indipendenti del mondo occidentale si richiamano. Così cresceva e si espandeva ovunque, anche grazie alle rivoluzioni americana e francese, il quarto potere, "il più importante di tutti", secondo Edmund Burke, politico e scrittore inglese del XVIII secolo, che coniò quell'espressione.

Quando era la testata leader della più popolosa città europea, Londra, capitale del più grande impero del mondo, "The Times" vendeva nel 1815, a trent'anni dalla fondazione, cinquemila copie. Un'inezia se paragonate alle centinaia di migliaia stampate e vendute dai grandi giornali borghesi europei nel corso del cosiddetto "secolo breve", il Novecento. Eppure, quelle poche copie dettavano legge, formavano cioè la più influente opinione pubblica del mondo, prima che quel mondo si aprisse alle classi meno abbienti, e l'alfabetismo si diffondesse praticamente a tutti gli strati della popolazione, così come il diritto al voto, la scuola, il welfare. Fenomeni che hanno posto le basi per la crescita senza sosta della carta stampata nelle nostre abitudini di lettura, e che l'hanno sostenuta a lungo anche nei confronti della nuova potenza mediatica del secondo dopoguerra, la tv.

Per un tempo molto lungo la stampa, una delle creature più riuscite del liberalismo e della democrazia occidentali, ha incarnato l'appartenenza dei cittadini al loro mondo di valori e di culture, facendo della lettura dei quotidiani addirittura l'alternativa laica all'ascolto della parola di Dio. Una "realistica preghiera mattutina", secondo l'arcinota definizione di Hegel, che ci permette di orientare il nostro comportamento "secondo ciò che è il mondo".

La maggior parte dei giornali di informazione è da sempre l'espressione, più o meno equilibrata, di un certo indirizzo politico. In Italia, questa connotazione è stata più netta, anche per il carattere più elitario della stampa nostrana. E, al di là dell'orientamento, la carta stampata in Italia è sempre stata l'estensione dell'agone politico, il luogo per eccellenza della disputa per il potere tra le varie consorterie che contano. Connotazione che nel tempo si è accentuata, facendo dei giornali il condensato di un dibattito politico molto articolato, che ne occupava e occupa sempre di più gli spazi e la struttura. Non a caso il primo sfoglio, cioè la sezione del giornale che sviluppa i titoli d'apertura, è interamente dedicato alla politica (salvo in caso di eventi bellici, terremoti, grandi scandali ecc.). Uno spazio che, nel tempo, si è dilatato sempre di più, fino a impegnare le prime sei, otto, dieci pagine.

Editori, direttori e giornalisti presumono, quindi, che il genere più appassionante per i lettori di quotidiani sia lo scontro tra partiti e fazioni, seguito in presa diretta con una sorprendente quantità di particolari, retroscena, testimonianze, ricostruzioni. Tutto ciò anche se la cronaca politica dei quotidiani viene preceduta, il giorno prima, da un flusso continuo di informazioni e commenti fatto di tg e giornali radio, i quali provvedono a veicolare in modo più che abbondante i temi al centro del dibattito politico. Basti pensare al cosiddetto "pastone", un genere televisivo che ci viene inflitto da decenni da alcuni tg e che prevede una carrellata di interviste e commenti rappresentativi dell'intero arco politico. Nonostante ciò, la mattina dopo quello stesso fiume di parole si ripresenta su carta, con nuove interviste esclusive, altri approfondimenti, dettagli aggiuntivi. Nessun lettore dispone del tempo necessario per leggere così tanto su materie che lo coinvolgono direttamente così poco. Però, ancora oggi, la politica è al centro delle attenzioni di chi fabbrica quotidiani.

Non basta a cambiare questo approccio la constatazione che nemmeno la tv, cioè il mezzo che secondo i ricercatori contribuisce a formare opinioni politiche ed elettorali dell'80% (dato oggi in diminuzione, secondo il Censis) della popolazione, riesce a fare dell'informazione politica un prodotto di grande ascolto, con la parziale eccezione degli appuntamenti elettorali. Lo dicono chiaramente gli andamenti delle audience dei cosiddetti talk show, tutti inesorabilmente in crisi.

La distanza degli italiani dalla politica, peraltro, è nota. Non più del 10% dei nostri connazionali si dichiara molto interessato alla politica, dicono unanimemente i sondaggi d'opinione. E questo disinteresse, se vogliamo, è una delle differenze più vistose tra l'Italia della Prima Repubblica – quella dei grandi partiti di massa – e quella attuale, attraversata da un'ondata di astensionismo e volatilità elettorale mai viste in settant'anni di democrazia a suffragio universale. I giovani sono ancora più lontani degli adulti dal mondo della politica, e sono anche la componente meno attiva sul piano elettorale. La stampa, da questo punto di vista, non parla a loro ma al segmento di lettori over 50.

Questa impostazione tutta politica dei nostri quotidiani non tiene inoltre in alcun conto le effettive capacità di lettura e comprensione dei lettori. Ribadito che, purtroppo, l'abitudine alla lettura è in contrazione e comunque ridotta a segmenti minoritari della popolazione (piattaforme digitali incluse), bisognerà pur considerare che anche tra i giovani con titoli di studio e buona cultura generale – i lettori del futuro, in fuga verso altri canali – la comprensione del linguaggio giornalistico non può essere data per scontata.

Intanto, c'è un dato generale che riguarda l'intera popolazione. Secondo indagini internazionali, "solo il 20% della popolazione adulta italiana possiede gli strumenti minimi indispensabili di lettura, scrittura e calcolo necessari per orientarsi in una società contemporanea". E, sulla base delle comparazioni internazionali, verificate da esperti italiani del calibro del compianto professor Tullio De Mauro, circa l'80% dei nostri concittadini in età lavorativa non è dotato di "effettive capacità di lettura, comprensione e calcolo" e hanno difficoltà nettamente superiori alla media europea anche nel campo del *problem solving*[16]. Nei fatti, ciò significa che alcune decine di milioni di italiani dai 18 anni in su non sono in grado di comprendere compiutamente addirittura il senso del titolo di un grande quotidiano. Se poi passiamo all'editoriale o all'articolo di approfondimento l'indice di comprensione scende ancora.

[16] Tullio De Mauro, *Analfabeti d'Italia*, "Internazionale", 7 marzo 2008.

Le difficoltà nella lettura sono in parte oggettive, come abbiamo visto, e non possono essere superate con facilità. Ma ce ne sono alcune che rendono ancora più impervia la comprensione: testi che di rado collocano con precisione la notizia nel suo contesto; un uso eccessivo di termini tecnici e di oscuri acronimi; richiami a precedenti che richiederebbero assiduità nella lettura. È un modo di scrivere pensato per i pochi che conoscono già piuttosto bene protagonisti e riferimenti culturali, una scrittura, verrebbe da dire, oligarchica. Su tutto, alla fine, domina un senso di distanza, di alterità.

Soprattutto la rappresentazione del paese sembra dominata da una visione ideologica e da una certa sciatteria nel dare conto dei grandi temi. I quotidiani tendono a offrire una raffigurazione del mondo pressoché monocorde. La crisi e le sue conseguenze, ad esempio, vengono descritte nello stesso modo, secondo un identico approccio. L'impostazione quasi sempre pessimistica prevale su tutto, anche nell'interpretazione dei dati, che poi fanno inevitabilmente opinione.

Prendiamo i numeri sulla disoccupazione. Le statistiche su quella giovanile segnalano che il 40% circa dei giovani in cerca di lavoro non lo trova. Il giorno dopo questo dato, indubbiamente drammatico, viene estremizzato così: "Disoccupato quasi un giovane su due". Peccato che il dato Istat si applichi solo alla popolazione attiva, cioè ai giovani effettivamente in cerca di occupazione, che sono una frazione del totale. La disoccupazione giovanile investe, in realtà, circa un quinto dei giovani, perché gli altri stanno studiando o per mille altre ragioni non cercano lavoro.

Il risultato, dal punto di vista delle percezioni che si

formano nell'opinione pubblica, è netto. Per esempio, alla domanda: quanti sono i disoccupati in Italia? La risposta è: il 49%, mentre in realtà sono il 12%. Lo stesso si potrebbe dire dei migranti, percepiti in numero quattro volte superiore alla realtà; dei musulmani residenti nel nostro paese, immaginati in numero più di quattro volte superiore a quello reale; degli over 65, considerati poco meno della metà della popolazione totale quando, in effetti, sono circa il 20%[17].

Insomma, il declino dei quotidiani ha molte cause, ma tra queste possiamo annoverare senz'altro una crescente perdita di credibilità.

I quotidiani sul web: molti click, pochi ricavi

Si dice: la carta stampata è in crisi profonda, ma i quotidiani sul web fanno numeri, in fatto di contatti e di cosiddetti utenti unici, da capogiro. In effetti, specie in occasione di tragedie o di eventi e notizie di grande portata, i siti dei quotidiani sono l'approdo diretto di milioni di persone, che si dividono tra la rete e le tv d'informazione, spesso in abbinamento tra loro (è il cosiddetto *second screen*).

Secondo le statistiche disponibili, gli utenti medi giornalieri dei siti dei primi sei quotidiani italiani sono intorno a 4,5 milioni[18]. Tale imponente flusso, per sua natura instabile e che si impenna considerevolmente in occasione di grandi eventi di cronaca, è cruciale

[17] Nando Pagnoncelli, *Dare i numeri. Le percezioni sbagliate sulla realtà sociale*, Edb, Bologna, 2016.

[18] Fonte: elaborazioni su dati Audiweb database, dicembre 2016, www.audiweb.it.

per la visibilità delle testate e si allarga, con modalità differenziate, anche alle piattaforme mobili, sempre più diffuse e utilizzate. È utente di smartphone ormai il 64,8% degli italiani (era circa il 40% nel 2013), con punte superiori all'89% tra quelli che hanno tra i 14-29 anni; i tablet sono diffusi presso il 28,3% della popolazione, contro il 13,9% del 2013[19].

La consultazione dei siti della carta stampata è dunque, sì, un'abitudine molto diffusa, ma non comporta alcuna vera fedeltà al quotidiano come prodotto d'informazione. Semmai segna una profonda discontinuità nell'utilizzo di due media di fatto completamente diversi. Uno è il quotidiano che, cristallizzato nella sua struttura tradizionale nella tarda serata del giorno che precede la pubblicazione, si ritrova sulle piattaforme digitali identico, sostanzialmente in tutto, al suo originale in carta. È la copia digitale, in gergo editoriale "replica": la modalità vigente in Italia.

Il quotidiano online è, invece, un flusso continuo di notizie e aggiornamenti in tempo reale, privo però, in gran parte se non del tutto, della componente più succosa: commenti, esclusive, anteprime, che vengono lasciate alle edizioni a pagamento, digitali o cartacee. Nella stragrande maggioranza dei casi la lettura dei quotidiani sul web è *free*. Con l'eccezione del "Corriere della Sera", che ha introdotto un sistema di pagamento a partire da un certo numero di notizie lette sul sito, e del "Sole 24 Ore", che dà accesso alla notizia vera e propria solo con abbonamento, tutti gli altri sono gratis e puntano esclusivamente sul traffico

[19] *I media fra élite e popolo*, cit.

per incrementare i ricavi pubblicitari valorizzando il numero di contatti che sono in grado di generare. Queste strategie non sembrano, al momento, in grado di risolvere il problema originario.

Il click a pagamento, a fronte della disponibilità di una amplissima varietà di fonti completamente gratuite, non riesce, almeno in Italia, a raccogliere ricavi significativi, mentre impatta duramente sul traffico complessivo della testata. L'incremento del traffico *free* sui siti, invece, se accresce notevolmente la platea dei lettori, non trova corrispondenza nell'andamento dei ricavi pubblicitari che segnano, alla voce *display*, una contrazione o nel migliore dei casi una stagnazione. Tendenza peraltro evidente anche nei contesti più evoluti.

Il quotidiano online è al momento in Italia la sola forma di colonizzazione digitale della lettura; non esistono, ad esempio, le *apps* che vengono utilizzate in modo crescente, e già da diversi anni a questa parte, da grandi testate internazionali come il "Financial Times" o "The Wall Street Journal", ma anche il "New York Times", che hanno anche siti non *free*. Tali soluzioni, pensate innanzitutto per tablet e smartphone, forniscono quasi esclusivamente notizie riservate agli abbonati, in un flusso continuo di aggiornamenti.

E, a giudicare dai risultati, si tratta di una scelta lungimirante: il "Financial Times", ad esempio, che aveva già annunciato di avere superato con il ricavato della vendita di contenuti gli introiti pubblicitari (con il primo al 60% del totale), ha di recente comunicato che tre quarti delle copie, su un totale di 843 mila, provengono da abbonati al solo digitale, con una crescita di 75 mila rispetto all'anno precedente.

Una svolta definitiva nel mondo del *digital content business*[20].

A parziale compensazione, alcuni grandi quotidiani italiani aggiungono all'abbonamento statico digitale una serie di contenuti addizionali: accesso *free* alle piattaforme web (se a pagamento), commenti, editoriali, altri approfondimenti sui fatti di giornata. Ma il prodotto giornalistico vero e proprio resta per il momento sempre lo stesso che appare alle 6 del mattino e non cambia più. Molto limitato, in rapporto a quanto fanno le più evolute testate straniere, è l'utilizzo di notifiche o di altri sistemi di segnalazione di notizie e di stimolo alla lettura. Insomma, la scelta digitale degli editori italiani è per il momento tutta sull'online, che è poi il più aggressivo cannibale di carta stampata che ci si può allevare in casa.

Siccome il traffico sui siti deve reggere il confronto competitivo per la raccolta pubblicitaria, ecco dilagare le *galleries*. Ci sono quelle legate ai fatti di cronaca, cioè la documentazione fotografica di un evento degno di nota. In fondo, la rete è nata per questo, non ne possiamo più fare a meno. Ma ci sono anche le *galleries* di puro intrattenimento, il più delle volte basate su foto di attrici, modelle, showgirl ecc., riprese su qualche red carpet cinematografico o televisivo, oppure mentre fanno la spesa al supermarket sotto casa. Sono queste le *galleries* più cliccate, e sono anche il contenuto meno giornalistico del sito, che fa crescere in misura decisiva il traffico. Senza le *galleries*, i click sui siti delle grandi testate scenderebbero

[20] *Ft, il digitale supera la carta*, "Italia Oggi", 3 dicembre 2016.

a livelli molto meno interessanti. Gli editori lo sanno bene.

L'approdo al giornale online, dunque, muta anche la natura dell'interesse che lo genera: una quota non trascurabile di utenti non sta cercando notizie o commenti, non è lì per leggere ma per curiosare. E, curiosando, far numero. Un numero che ha un suo perché, probabilmente non per molto tempo ancora, alla voce pubblicità.

Periodici: il tesoro perduto

Se i quotidiani stanno facendo duramente i conti con la crisi di un modello di business molto difficile da innovare, per i periodici siamo ormai in una crisi molto grave e manifesta, fatta di testate storiche chiuse, di drastiche riduzioni nelle vendite, di pratiche sempre più frequenti di abbinamento a quotidiani o ad altri periodici per prolungare la sopravvivenza di magazine minori o in gravi difficoltà. Si tratta di un fenomeno mondiale, che non risparmia nessuno.

"Business Week", fino a non molti anni fa influente rivista d'affari internazionale, è stata rilevata, dopo diversi esercizi in perdita, da Bloomberg. Lo stesso accade al tedesco "Der Spiegel", una volta campione europeo delle grandi tirature nel campo dell'informazione politica e d'attualità, oggi in crisi di pubblicità e vendite. "Newsweek", tornata in edicola dopo meno di due anni di sola edizione online, dichiara tirature di nicchia per un pubblico di ricercati lettori. "Obs", il nome adottato dal più famoso, un tempo, "Le Nouvel Observateur", cerca con fatica sinergie con il suo nuovo editore, il Gruppo Le Monde, che a sua volta solo nel 2016 è riuscito a chiudere i conti con un piccolo utile dopo anni di perdite.

Gli esperti dicono che sopravviveranno solo grandi brand di qualità, in nicchie sufficientemente ampie da permettere una buona tenuta di ricavi e margini, particolarmente nel mondo angloamericano, dove la lingua garantisce l'accesso a un mercato internazionale. È il caso, spesso citato, dell'"Economist", periodico ad altissima densità di contenuti informativi con un pubblico internazionale e un'autorevolezza indiscussa. Da noi, su livelli dimensionali molto più piccoli, "Internazionale", una rivista d'alto profilo che pubblica, in italiano, articoli tratti dalla stampa internazionale, difende con successo le sue tirature e cresce anche tra i giovani, lettori più ricercati e difficili.

A casa nostra la crisi la raccontano impietosamente i numeri. Dal 2006 al 2015 i lettori di settimanali sono passati da circa 22,8 milioni a 7,2 milioni (-68%); i lettori di mensili sono scesi da poco più di 12 milioni a 6,2 milioni (-48%)[21]. La caduta, così pronunciata, dei periodici che sono da sempre la colonna dorsale dell'editoria italiana rappresenta il fattore di crisi più grave in assoluto, e per il quale i rimedi risultano ancora più problematici di quelli che si possono adottare per i quotidiani. Il nostro paese ha fatto dei periodici, nei decenni passati, uno dei settori più brillanti e creativi dell'editoria a livello internazionale. Non particolarmente ricca, come abbiamo visto, di *habitués* dei quotidiani, l'Italia è stata la patria della lettura popolare di periodici di costume e di grandi e appassionati setti-

[21] Elaborazioni su dati Ads.

manali di informazione politica. Pensiamo alla diffusione di testate come “Oggi” e della sua riuscita imitazione, “Gente”. O all’influenza straordinaria di testate come “L’Espresso”, uno dei più innovativi periodici di politica e informazione (oggi supplemento domenicale della “Repubblica”), e di “Panorama”, per il controllo del quale si combatté una battaglia senza esclusione di colpi tra De Benedetti e Berlusconi.

Almeno un paio di generazioni sono cresciute, civilmente e politicamente, con la lettura di periodici come questi; e milioni di persone si sono appassionate alle più diverse attività, dai viaggi al ricamo (come non ricordare il leggendario “Rakam” di Rusconi), dall’automobilismo (“Quattroruote”, un mensile che negli anni Novanta si avvicinava al milione di copie) alla moda, attraverso la lettura di giornali dall’estetica curatissima, con giornalisti e scrittori tra i più competenti e raffinati.

Resistono al declino, anzi sembrano in grado di contrastarlo, alcuni editori che hanno fatto la scelta del periodico popolare di grandi tirature, formula per la quale, evidentemente, c’è ancora spazio. È il caso di Cairo Editore – adesso alla prova con il rilancio dei periodici Rizzoli e del “Corriere” – con i suoi rotocalchi, come venivano chiamati una volta, molto venduti. In questo ambito, dove operano anche altri importanti editori, come Mondadori, c’è ancora una base di lettori sufficientemente grande, collocata nella fascia anziana e a bassa scolarità della popolazione. Una platea non dissimile da quella delle tv generaliste. Ma, obiettivamente, non cambia il quadro d’insieme: l’elenco, già molto ampio, dei periodici usciti di scena è destinato ad allungarsi. La contrazione della loro diffusione o addirittura la loro scomparsa in nicchie un tempo floride compromette seriamente i bilanci delle case editrici, ai quali i periodici hanno storicamente apportato generosi flussi pubblicitari.

La tv sotto assedio

Se Atene piange, Sparta non ride, recita un antico detto. Si è molto discusso in Italia a proposito del primato della tv su tutti gli altri media. Se n'è parlato, in particolare, a partire dall'affermarsi delle televisioni controllate da Berlusconi, anche per effetto della loro straordinaria capacità di raccogliere investitori pubblicitari. Un mercato, quello della pubblicità televisiva, che si è espanso proprio grazie alla nascita delle reti private, che hanno aperto i propri schermi a migliaia di aziende italiane, a grandi brand internazionali, a nuovi marchi del consumo. Come vedremo più avanti, questo primato nella raccolta pubblicitaria ha dovuto fare i conti con la crisi.

Dal punto di vista degli ascolti e della penetrazione non c'è dubbio che la tv abbia a lungo dominato la scena mediatica italiana. Un dominio che, visto nel suo insieme, continua e sembra tutt'altro che in crisi. La platea televisiva totale vanta nel *prime time* (la fascia oraria compresa indicativamente tra le 20,30 e le 23, che raccoglie il maggior numero di utenti e la maggior raccolta pubblicitaria) poco meno di 25 milioni di utenti, in leggera flessione tra il 2015 e il 2016 (-2,7%). Una contrazione peraltro limitata dopo anni di continua crescita dell'audience totale, che negli anni più acuti della crisi ha raggiunto la dimensione record di 26 milioni nel *prime time*. La tv quindi si è rivelata, nel pieno di una congiuntura negativa, un canale capace di drenare i consumi culturali degli italiani che, a causa delle difficoltà economiche, si allontanavano da cinema, teatri, musei, vacanze.

Nella sua storia non breve, la tv ha incarnato la possibilità di concentrare in un solo mezzo informazione e tempo libero, gestione degli orientamenti della pubblica opinione e cultura, divertimento e apprendimento, politica e costume. In questo senso, è stato uno dei mezzi più innovativi e potenti della storia occidentale, un ingrediente che ha cambiato per sempre, ad esempio, il nostro modo di concepire la vita civile e di utilizzare, trasformandole radicalmente, le istituzioni democratiche.

La crescita della tv ha convissuto con la carta stampata fino a quando quest'ultima era percepita, da una fascia centrale e influente della popolazione, come la sorgente più autorevole e certificata delle notizie, il luogo dei commenti capaci di plasmare l'opinione di molti, il mezzo che "organizza" la visione del mondo, con un ruolo di *agenda setting*, per usare un termine coniato dagli studiosi di comunicazione per i media più influenti. Poi, a poco a poco, la tv ha invaso anche questo campo esclusivo dei giornali, che nel frattempo si è indebolito anche per la trasformazione subìta dai luoghi della politica, come si è detto, punto di riferimento strategico della carta stampata.

La platea televisiva dunque cresceva a dismisura, concentrando fino a pochi anni fa il suo immenso potere su pochi operatori: di fatto, le sei reti generaliste Rai e Mediaset. Ma mentre aumentava la platea, la tecnologia progressivamente moltiplicava canali e piattaforme televisive. Erano una decina i canali nazionali prima del 2007, nel 2015 se ne censiscono 185[22], e saliranno ancora. Un'enorme proliferazione, con altrettanto notevole polverizzazione delle audience. L'effetto di questa ipertrofia televisiva sulla distribuzione degli ascolti, se guardiamo i numeri, è drammatico. Solo nel periodo 2010-2015 la share dei primi sette canali generalisti nel totale giorno è calata di 18 punti percentuali (dal 77% al 59% del totale), quella dei canali specializzati *free* è salita di 9 punti (dal 19% al 28%), i canali pay sono saliti di 8 punti (dal 5% al 13%)[23].

Se poi prendiamo un periodo un po' più lungo, 2005-2015, vediamo che sui canali generalisti la cosiddetta "audience totale giorno" è scesa, nel migliore dei casi, del 18% e, nel peggiore, del 45%, a seconda delle reti prese in esame[24]. Una caduta estremamente significativa (che peraltro non ha toccato La7, cresciuta nello stesso arco di tempo del 25%, su una audience di partenza, però, molto più piccola).

Anche la platea del *prime time* registra una forte contrazione di ascolti, che fa il paio con il forte spostamento verso fasce d'età più anziane del suo bacino più numeroso. Qui i dati parlano di riduzioni, sui sei maggiori canali generalisti, dal 20 al 40%[25]. Considerando che qui si concentra il grosso delle audience, le conseguenze complessive sono ancora più rilevanti.

Il sistema televisivo nato negli anni Ottanta subisce gli effetti controversi del suo stesso successo. La tv dilaga, i suoi contenuti colonizzano tutte le piattafor-

[22] Dati Auditel.
[23] Dati Auditel.
[24] Elaborazione Upa su dati Auditel.
[25] Elaborazione Upa su dati Auditel.

me esistenti, nuovi broadcaster digitali sperimentano modalità televisive dentro i canali social; ma i grandi contenitori televisivi di massa sono sempre più in difficoltà. Certo, molte cose sono cambiate, non solo la tecnologia, che pure con il digitale terrestre ha posto le basi per l'ulteriore espansione dei broadcaster. Prima di allora c'è stata la lunga, e un po' sofferta, era del satellitare, con due emittenti concorrenti in un solo mercato, poi aggregate in un polo unico, peraltro non italiano. Un mercato nuovissimo, allora, per i consumi televisivi delle famiglie italiane, abituate al "tutto gratis" (o quasi, visto che c'è sempre stato un canone per la tv pubblica) e sedotte da un'offerta privata che, in poco tempo, aveva cambiato definitivamente il volto della programmazione televisiva italiana con prodotti e format internazionali di grandissimo successo.

La crescita del reddito disponibile e l'appetito per contenuti esclusivi, come lo sport in generale e il calcio in particolare, avevano già consentito alle nuove piattaforme satellitari di conquistare una parte di quel pubblico in libera uscita (temporanea) dalle tv generaliste. Poi c'è stato l'ingresso di altri operatori stranieri che, a poco a poco, hanno acquisito spazio: è significativo il caso di Discovery, che ora è il terzo broadcaster in Italia, di poco davanti a Sky.

Ma la dispersione delle audience si legge nella proliferazione di decine e decine di canali che raccolgono già circa il 15% dell'audience totale giorno. Un fenomeno mondiale, almeno nelle economie aperte, che sta spingendo il mezzo televisivo verso una progressiva trasfigurazione in una sorta di "caleidoscopio, con migliaia di flussi di contenuti, alcuni non più distinguibili come canali [...] che mescoleranno i programmi e i contenuti della rete ai contributi dei nostri spettatori", come preconizzava, già nel 2003, non un qualche blogger visionario ma il capo del dipartimento New Media & Technology della Bbc[26].

A questo si aggiunge il vistoso abbandono progressivo delle audience giovanili. Qui i dati dicono che, tra i giovani nella fascia dai 15 ai 34 anni, nel periodo 2005-2015, la penetrazione delle sei maggiori reti generaliste, sempre nel *prime time*, si è complessivamente ridotta del 55%. Nella fascia più precoce, quella dei bambini tra 4 e 14 anni, è scesa del 51%[27]. D'altra parte, alla tv incontrastata signora delle nostre serate in famiglia (ma chi ha figli grandicelli sa che questa abitudine è in declino da anni), si affianca il nuovo regno dei *devices* portatili: la penetrazione degli smartphone raggiungerà nel 2020 il 75% della popolazione italiana adulta, quella dei tablet il 30%.

Si calcola che l'insieme di tutti i dispositivi non tv fruibili come "schermi" aggiuntivi a tutti gli effetti (pc, tablet e smartphone) assommi già oggi a 73-74 milioni[28]. Sono i luoghi nei quali i giovani si rifugiano per l'accesso a contenuti che ritengono più adatti alla loro cultura, alle loro modalità di relazione, ai loro gusti personali. E che assorbono, destinandolo a diverse attività (pensiamo ai giochi, soprattutto per i giovani maschi), tempo che fino a non molti anni fa era dedicato alla tv. Smartphone e tablet, insieme ai "vecchi" pc, sono quindi le piattaforme attraver-

[26] Come riportato in Henry Jenkins, *Cultura convergente*, Apogeo, Milano, 2007.
[27] Elaborazioni Upa su dati Auditel.
[28] Dati Auditel.

so le quali i giovani consumano prodotti televisivi, non necessariamente quelli messi a disposizione dai broadcaster tradizionali. Si pensi a Netflix, che già a metà del 2016, a pochi mesi dal lancio ufficiale della sua offerta in Italia, è stato scelto nel 2016 da 500 mila famiglie, l'1,5% del totale. Ma se si guarda alla quota del consumo online e *on demand*, il nuovo operatore americano ha già conquistato in Italia il 17% dei navigatori, davanti a Rai, Sky, Mediaset Premium.

Per non parlare dell'immenso regno dello streaming, legale e no, che consente l'accesso alle serie TV di maggior successo, da vedere magari in lingua originale con sottotitoli in italiano. E senza aspettare che sia disponibile sui canali tv che l'hanno prodotta o generosamente comprata dal network americano di turno. Tali fenomeni altrove sono ancora più pronunciati. In Gran Bretagna, ad esempio, il tempo medio trascorso guardando video online è il triplo che in Italia, e tra i giovani la percentuale di coloro che utilizza altri schermi per i contenuti tv è del 39%. I cosiddetti "altri schermi" sono, nel Regno Unito, già il 21% del totale, da noi il 6%[29].

Per queste ragioni, l'indomito televisore, sempre primo tra i prodotti più desiderati per un acquisito importante, potrebbe non essere, in futuro, il fedele l'alleato degli editori televisivi. Veloce, come nelle migliori abitudini *tecno* delle famiglie italiane, la crescita delle nuove smart tv raggiunge oggi il 20% dei nuclei familiari e si prevede che salirà al 45% circa nel 2020. Un ulteriore, potente cavallo di Troia per

[29] Dati Auditel.

gli *over-the-top* come Apple, Google e Facebook, che bussano alla porta dell'ultimo, prezioso fortino delle famiglie italiane: il salotto di casa.

Resilienza radiofonica, a bassa informazione

La radio è stata, fino agli anni Cinquanta, il più potente mezzo di comunicazione di massa. Nel decennio precedente la sua diffusione aveva raggiunto, ovunque in Occidente, buona parte della popolazione, con punte di oltre il 90%[30] prima della seconda guerra mondiale negli Stati Uniti, il paese da sempre più veloce di qualunque altro nell'adozione massiva delle nuove tecnologie.

Protagonista assoluta dell'informazione e dell'intrattenimento, la radio è stata ovunque il mezzo d'elezione per la comunicazione, la pubblicità e la propaganda. Attitudine, questa, sapientemente sfruttata dai regimi totalitari che hanno dominato la storia politica del Novecento.

Nella sua forma originaria, la radio è sopravvissuta intatta alla tv e ne ha ovunque preceduto la liberalizzazione. Giunta sino a metà degli anni Settanta come mezzo trasmissivo di esclusiva proprietà dello Stato – nel 2016 sono trascorsi, senza celebrazioni, quarant'anni dalla sentenza della Corte costituzionale che aprì definitivamente il mercato all'iniziativa privata –, la radio ha mantenuto in Italia un posto centrale nel sistema della comunicazione.

[30] Oliviero Bergamini, *La democrazia della stampa. Storia del giornalismo*, Laterza, Roma-Bari, 2016, prima ed. 2006.

Dopo la sbornia creativa dei primi anni successivi alla liberalizzazione delle frequenze, il mercato, cresciuto a dismisura in termini di emittenti, si è sostanzialmente stabilizzato attorno a una quindicina di operatori leader – cui fa capo un mercato di oltre 35 milioni di ascoltatori – seguiti da un numero imprecisato di radio (ben più di duecento) di carattere eminentemente locale, che si dividono in tante piccole frazioni ciò che resta della platea. Del gruppo di testa fanno parte, naturalmente, i canali Rai, che peraltro hanno da tempo perso del tutto la primazia in fatto di audience. Alla fine degli anni Novanta, il sistema radiofonico Rai raccoglieva in media circa 15 milioni di ascoltatori al giorno: in poco più di vent'anni l'*incumbent* di Stato aveva già ridotto i propri ascolti del 40%.

Nel 2016 le posizioni di testa sono occupate da emittenti private come, nell'ordine, Rtl, Rds, 105, Deejay, Radio Italia, che hanno surclassato nettamente l'universo Rai. La sola Rtl, con i suoi quasi 7 milioni di ascoltatori, eguaglia la somma di ascoltatori di Rai Radio 1 e Rai Radio 2, ormai relegate rispettivamente in sesta e settima posizione. Rai Radio 3 lotta per rimanere nella prima quindicina: un'emittente di nicchia dotata dei poderosi mezzi trasmissivi di una stazione generalista a copertura nazionale[31].

La radio, che nel frattempo aveva ceduto alle tv la supremazia in fatto di tempo dedicato all'intrattenimento nelle sue varie forme, a causa della perdita

[31] *Radio, Rtl 102,5 ancora in testa*, "Italia Oggi", 15 febbraio 2017. L'articolo riporta, rielaborati, i dati di Radiomonitor Gfk 2017 sugli ascolti nel giorno medio.

progressiva di audience del mondo Rai, ha visto diluirsi in misura molto rilevante la quota di ascolto destinata all'informazione. Nel "nuovo" mondo delle radio libere, l'ingrediente chiave non sono più i radiogiornali, che hanno educato all'informazione almeno tre generazioni, ma la musica. È questo il contenuto che, da tempo, viene richiesto e consumato, lasciando all'informazione un ruolo di pura testimonianza, impacchettata in brevi parentesi che, nella maggioranza dei casi, non superano il minuto di durata, distribuito in un certo numero di appuntamenti durante la giornata. Servizio reso peraltro necessario dalla legislazione, che impone a qualunque emittente, e quindi anche alla larghissima maggioranza rappresentata da radio commerciali e musicali, una piccola "servitù" informativa. Se guardiamo i numeri delle radio dotate di proprie redazioni giornalistiche e in grado di produrre radiogiornali veri e propri, l'ascolto focalizzato sull'informazione rappresenta una quota molto piccola del totale. Limitatamente a questa tipologia d'ascolto, il sistema radiofonico Rai si riprende la sua leadership.

Il mercato radiofonico, se ha ridotto almeno di un ordine di grandezza la propria influenza nella formazione della pubblica opinione, ha invece accresciuto le proprie dimensioni e il proprio valore. Ne sono prova anche le recenti acquisizioni che gruppi multimediali, come Mediaset, hanno portato a termine per sfruttare il potenziale di raccolta pubblicitaria delle radio, ancora notevole.

La buona, vecchia radio, leader d'ascolto incontrastata in auto tra traffico cittadino e lunghe trasferte, ha inoltre saputo adattarsi con estrema facilità alle nuove piattaforme tecnologiche, conquistando spazi di ascolto su tutti gli apparecchi, dai pc agli smartphone. Si stima che la quota di audience su questi nuovi canali sia pari al 32% circa del totale[32], con tendenza a crescere in proporzione all'aumento dei nuovi dispositivi.

Molto meno costosa delle reti tv e, di questi tempi, molto meno rischiosa, sotto il profilo imprenditoriale, della stampa tradizionale, la radio ha superato di slancio il primo secolo di vita senza perdere la sua straordinaria presa sui consumi mediatici della gente. Riuscendo anche nell'impresa di tenere legati a sé i giovani e persino i *millennials*, categoria che pare sfuggire a qualsiasi contatto duraturo ma che, invece mantiene con l'universo radiofonico legami abbastanza stretti, anche grazie all'accessibilità dei programmi radio garantita da una molteplicità di dispositivi. La progressiva estensione del Dab+, la Digital Radio, potrà spingere l'ulteriore penetrazione e fruizione della radio sulle nuove piattaforme. Attesa a partire da quest'anno in Norvegia, la Dab+ sarà estesa nei prossimi tre a Svizzera, Danimarca e Gran Bretagna.

Ma duttilità e adattabilità del più "antico" tra i moderni mezzi di comunicazione, l'unico, di fatto, non ancora digitale, non sono destinate a riportare al centro degli ascolti l'informazione vera e propria, ormai quasi completamente seppellita da una immensa, seducente, ininterrotta colonna sonora.

[32] *I media fra élite e popolo*, cit.

2
I RICAVI IN DECLINO E LA SPIETATA CONCORRENZA DEI SOCIAL

Pubblicità, l'anima (in crisi) dell'editoria

Da quando la stampa è diventata adulta e molto prima che la tv facesse la sua comparsa nel mondo dei consumi mediatici, la pubblicità ha conquistato uno spazio strategico. A tal punto che i media, a partire da quelli cartacei, si sono da un certo momento in poi strutturati come contenitori di annunci commerciali, divenendo progressivamente quasi del tutto dipendenti dalla cosiddetta "raccolta" pubblicitaria. Diciamo "quasi" (con l'ovvia esclusione di tv e radio commerciali, i cui ricavi derivano pressoché interamente dalla pubblicità), perché il livello di tale dipendenza è cresciuto con gradualità nel tempo e con importanti differenze nelle economie più avanzate.

All'inizio la pubblicità rappresentava un introito marginale di una nascente industria, la stampa quotidiana e periodica, che circolava tra le élites del XIX secolo e le cui entrate erano generate da vendite e abbonamenti, in un mondo largamente dominato dall'analfabetismo e in sistemi economici ancora sostanzialmente basati sull'agricoltura.

In Italia allora la si chiamava "réclame" – e ancora oggi sentiamo usare il verbo "reclamizzare" al posto di “pubblicizzare” –, mutuando il termine da una nazione, la Francia, che tra le prime si era dotata di concessionarie di pubblicità. Nel nostro paese, dove l’unità nazionale aveva dato nuovo impulso alla stampa e all’informazione, si deve ad Attilio Manzoni la costituzione della prima concessionaria, nel 1863. A partire da allora, in particolare tra la fine dell’Ottocento e l’inizio del Novecento, la pubblicità è cresciuta sempre di più nei media, seguendo l’evoluzione del reddito e dei consumi.

Poi sarà la volta delle grandi reti radiofoniche e televisive, in Europa ovunque di proprietà dello Stato, a ospitare annunci commerciali sotto forma di ciò che, da qualche tempo a questa parte, chiamiamo “spot”. È del 1926 la costituzione della Sipra, Società italiana per la pubblicità radiofonica della Rai (allora Eiar). Decenni dopo, nel 1957, a tre anni dall’avvio delle trasmissioni della televisione pubblica, nascerà *Carosello*, un luogo dedicato in esclusiva alla pubblicità in tv. Rimasto in onda per un ventennio, *Carosello* lascerà il posto alla pianificazione pubblicitaria direttamente negli spazi tra i programmi. A partire dai primi anni Ottanta, all’inizio solo sulle reti commerciali poi anche sulla Rai, la pubblicità comincerà a interrompere la visione di spettacoli, film e varietà, secondo il modello da tempo in voga negli Stati Uniti.

Ed è proprio con la tv commerciale di quel periodo e con l’esplosione della società dei consumi che la pubblicità cresce, sino a diventare la principale fonte di ricavi dell’intero sistema editoriale e a determinarne il futuro. Già nel 1983, Publitalia 80, la concessionaria del sistema Mediaset, supera nettamente la raccolta totale della Rai[1], costringendo l'emittente pubblica a vendere in modo più aggressivo i propri spazi e ad adottare gradualmente i contenuti televisivi tipici di una tv commerciale.

La pubblicità colonizza tutti i media, ma non allo stesso modo e nella stessa proporzione. In Italia, ad esempio, dall'affermazione delle tv commerciali in poi, la distribuzione della raccolta pubblicitaria è sempre stata sbilanciata a favore del mezzo televisivo. Una prevalenza, questa, sugli altri mezzi, sulla quale pesa il ruolo di rilievo della Rai, che aggiunge agli incassi derivanti da una tassa specifica (il canone, oggi potenziato con un sistema di esazione implacabile) la vendita di spazi pubblicitari.

La spinta, rabbiosa, di un paese che aveva voglia di crescere e di promuovere i propri prodotti per il consumo e che era stato tenuto per anni ai margini della comunicazione televisiva a causa del monopolio statale, è stata una delle ragioni più importanti del successo delle tv e delle radio commerciali. Ma anche, evidentemente, una delle concause del disequilibrio distributivo tra media in concorrenza tra loro, in particolare carta stampata e tv. Concausa, perché non dobbiamo dimenticare il diverso livello di penetrazione della stampa italiana, che agiva – come ricordato – su un bacino decisamente più ridotto di quanto accadeva negli stessi anni nei paesi europei più sviluppati.

Non stupisce quindi come la tv nel nostro paese assorba sempre intorno al 50% del totale degli inve-

[1] Vanni Codeluppi, *Storia della pubblicità italiana*, Carocci, Roma, 2013. La raccolta di Publitalia 80 nel 1983 era pari a 476,4 miliardi di lire; quella di Sipra era di 362,8 miliardi.

stimenti pubblicitari, con punte anche superiori negli anni della crisi, e ciò a scapito degli altri mezzi, in particolare i quotidiani, la cui quota è ormai strutturalmente scesa sotto il 10%[2] del totale (negli anni Sessanta, la quota dei ricavi pubblicitari della carta stampata era pari al 60% del totale). Nell'Unione Europea a 27 membri la quota di investimenti pubblicitari destinati al sistema televisivo è pari, in media, al 33% del totale, peraltro in qualche caso all'interno di valori complessivi decisamente più elevati di quelli italiani a parità di Pil. Negli Stati Uniti questa percentuale è del 39%.

La crisi di questi anni ha peggiorato il quadro, soprattutto in termini di andamento dei ricavi pubblicitari, che in Italia, come in Spagna, hanno registrato la contrazione più forte e duratura. In particolare, la stampa quotidiana e periodica tra il 2008 e il 2015, secondo la Fieg, avrebbe perso il 50% dei ricavi complessivi per effetto della riduzione del 60% degli introiti pubblicitari[3]. Su questa rovinosa caduta, peraltro, si era da tempo innestato il dinamismo del web, diventato il più forte concorrente di qualsiasi altro mezzo: già nel 2013 in Italia il fatturato pubblicità della rete (1,8 miliardi) sopravanzava di slancio quello della stampa nel suo insieme (1,4 miliardi)[4]. Il declino del più antico e selettivo tra i media d'informazione era ormai dichiarato, così come la sua crescente marginalizzazione nella raccolta pubblicitaria.

[2] Fonte: GroupM Research&Insight, 2016.

[3] Fonte: Fieg, www.fieg.it/upload/studi_allegati/Rapporto_2016_web.pdf.

[4] Fonte: Politecnico di Milano, *Osservatorio New Media & New Internet*, 2014.

Anche nella carta stampata l'Italia, rispetto agli altri grandi paesi europei, fa un po' storia a sé. Soprattutto perché, da un certo momento in avanti, la componente "ricavi pubblicitari" ha rappresentato per l'editoria tradizionale la voce in assoluto più rilevante. La dipendenza dalla raccolta di cui si diceva all'inizio è diventata permanente, con introiti pubblicitari largamente superiori al 60% dei ricavi totali dei principali gruppi editoriali. Ciò riguardava non solo i periodici, concepiti praticamente fin dall'inizio come contenitori di pubblicità, ma anche i quotidiani, con una quota derivante da questi introiti compresa, tra il 2004 e il 2013, rispettivamente tra il 50% e poco più del 40% del ricavi globali. Il miglioramento di questo rapporto a favore delle vendite è dovuto sostanzialmente al crollo, più veloce e più intenso, della raccolta pubblicitaria rispetto all'erosione dei lettori.

Negli anni buoni, in particolare tra il 1990 e i primi anni Duemila, tutto questo ha stimolato una espansione "fisica" davvero notevole dei quotidiani, che sono cresciuti di anno in anno in termini di pagine, nuovi inserti, supplementi, collaterali, in una corsa bulimica all'acquisizione di annunci pubblicitari e di operazioni di marketing di marchi e aziende. Come sappiamo, il ritorno alla normalità per effetto della crisi è stato ed è piuttosto doloroso.

Tornando agli investimenti pubblicitari, essi sono aumentati in Italia pressoché ininterrottamente sino al 2007, anno in cui il sistema ha raggiunto il valore record di circa 10,3 miliardi di euro[5]. Da allora a oggi è inizia-

[5] Fonte: Upa. Questo dato non include la componente *search* e gli *over-the-top* in genere, di cui si parla più avanti.

ta una discesa inarrestabile che ha ridotto la raccolta netta destinata all'editoria tradizionale (stampa, radio, tv e piattaforme Internet collegate) di circa il 37%, raggiungendo i 6,5 miliardi nel 2015. Il mercato, cioè, si è contratto di una misura diverse volte superiore alla diminuzione effettiva dei consumi delle famiglie, che nel periodo 2008-2015 hanno registrato un andamento negativo solo in tre anni su otto e comunque con contrazioni inferiori al 3%[6].

L'entità di questa riduzione della raccolta pubblicitaria è superiore a quella di quasi tutti i paesi occidentali, eccezion fatta per la Spagna, la cui crisi economica ha avuto conseguenze sull'occupazione e sui consumi anche più pesanti che da noi. In Gran Bretagna, Francia, Germania – paesi che sono confrontabili con il nostro per dimensioni e caratteristiche del sistema socio-economico – la caduta degli investimenti pubblicitari è stata significativa negli anni 2009-2011, ma molto meno acuta. Già dal 2012 queste economie segnano un progressivo recupero e oggi buona parte di quelle perdite sono state azzerate, a tal punto che la Gran Bretagna segna un +19% rispetto al 2007, la Germania +1%, la Francia un decremento contenuto (-5%).

A parziale giustificazione di andamenti così difformi ci sono le caratteristiche dei mercati sottostanti. I più importanti paesi europei hanno operatori industriali e commerciali di grandi o grandissime dimensioni, in segmenti estremamente attivi nel mondo della comunicazione. Si pensi al settore chimico-farmaceutico, dove la Germania domina con aziende le-

[6] Fonte: Istat, http://istat.it/it/files/2016/04/Cap_1_Ra2016.pdf.

ader mondiali, dotate di grandi budget per la promozione e la pubblicità; o al settore *retail*, che in Italia è diviso in tanti piccoli operatori, mentre altrove, come in Francia, è rappresentato da aziende molto grandi che fanno della comunicazione una leva strategica per la competizione e che sono in cima alla classifica degli investitori in pubblicità. Oppure alla finanza, che mediamente si colloca in questi paesi nei primi tre-cinque posti tra i maggiori inserzionisti, con operatori attivi in servizi chiave per il *mass market*, come i servizi bancari o la previdenza complementare.

Da noi pochi settori merceologici e relativi operatori facevano e fanno il grosso degli investimenti. Negli anni precedenti la crisi del 2007-2008, *automotive* e tlc rappresentavano da soli oltre il 40% del mercato. Ancora oggi dall'auto proviene più del 30% degli investimenti, dal settore *retail* meno del 5%, dalla finanza poco più del 7%, dall'*entertainment* poco più dell'8%. Basti dire che i ricavi pubblicitari in quest'ultimo settore in paesi come Francia e Gran Bretagna valgono poco meno dell'intero budget di *digital advertising* italiano[7].

La reazione alla crisi dei settori leader, in qualche caso particolarmente intensa, ha provocato una riduzione più che proporzionale degli investimenti complessivi. Questa tendenza ha investito un po' tutti i segmenti chiave attorno ai quali girava la pubblicità. I nuovi entranti – banche, assicurazioni, poste – che, a partire dalla metà degli anni Novanta, a valle della liberalizzazione del mercato, avevano cominciato a

[7] GroupM, *Research & Insight on TYNY Interaction*, luglio 2016.

incrementare significativamente nel nostro paese la propria presenza pubblicitaria, nel corso della crisi, fatti salvi pochi casi, hanno ridimensionato i propri investimenti o li hanno resi discontinui e perciò anche inefficaci. Su queste scelte ha senz'altro influito il pesante clima negativo innescato dalla crisi, poi aggravato dalle difficoltà reputazionali emerse a vario titolo, per esempio in ambito bancario. In ogni caso, un'economia fatta essenzialmente di piccole e medie imprese, molte delle quali attive sui mercati esteri e poco presenti nel contesto italiano, non aveva grandi spazi per compensare la diminuzione dei budget delle grandi aziende.

Anche oggi, a fronte di una piccola ma sostanziale ripresa, la struttura della spesa pubblicitaria non è cambiata e il ritorno ai valori degli anni pre-crisi non c'è stato. Difficile prevedere che avvenga in futuro, in un contesto ancora così fragile e in piena trasformazione. La nostra quota di investimenti pubblicitari tra i primi cinque grandi paesi europei, a fronte di una popolazione che sfiora il 20% dell'universo considerato e una quota di Pil superiore al 16%, non va oltre il 12% e la porzione di *digital advertising* è pari a un modesto 7,9%[8]. Come qualcuno ha osservato, Gran Bretagna, Germania e Francia giocano in un altro campionato: l'intero mercato italiano supera di poco il 30% di quello britannico, il 40% di quello tedesco ed è poco meno del 70% di quello francese. Nel digitale siamo appena sopra la Spagna ma ultimi tra i grandi. L'unico segmento in cui saliamo sul po-

[8] *Ibidem*.

dio è quello degli investimenti pubblicitari sui canali tv grazie ai quali, per effetto dello squilibrio nella distribuzione dei ricavi tra media di cui s'è detto, riusciamo a conquistare il terzo posto, dietro a Regno Unito e Germania.

C'è chi ha calcolato in almeno un miliardo di euro la distanza effettiva tra gli attuali investimenti in comunicazione e il potenziale della nostra economia della pubblicità, differenziale che difficilmente potremo colmare in assenza di una ripresa significativa complessiva degli investimenti industriali e commerciali. Il mercato non registra, nei fatti, un adeguato recupero dei consumi i cui valori, anche per il permanere di una condizione deflattiva dei prezzi, rimangono stabilmente bassi. Così gli operatori restano diffidenti riguardo a possibili incrementi della pressione pubblicitaria, che rischia di non produrre conseguenze nei ricavi ma solo di aumentare i costi. C'è una sorta di attesa per una ripresa più sostenuta, che però non arriva e che comunque non si manifesterà più nelle stesse forme.

L'Italia è cambiata, la tendenza a risparmiare in vista di un futuro che appare ancora molto incerto si è rafforzata. L'occupazione è in leggera crescita, ma a ritmi che non consentono di immaginare un effettivo aumento del reddito disponibile e, quindi, della quota destinata ai consumi. Gli interventi di politica fiscale hanno prodotto qualche sollievo, ma non sembrano in grado di modificare nella sostanza il quadro complessivo. Le perduranti incertezze politiche fanno il resto, inducendo ansia nelle famiglie, che scontano inoltre un effettivo calo del potere d'acquisto, con nuove sacche di povertà prodotte dalla disoccupazione di lungo periodo e dalla deindustrializzazione di intere aree del paese. La curva demografica, infine, rende difficile essere ottimisti nel medio periodo, con un invecchiamento della popolazione sempre più pronunciato, che incide in misura non trascurabile sulla dinamica e sulla filiera dei consumi.

Intanto, anche la composizione dei ricavi pubblicitari, nel pieno della crisi, si è radicalmente modificata. Un mondo nuovo si fa avanti, fatto di *Internet search* e social media, con i vari Google, Facebook, Instagram, Snapchat, YouTube. Sono loro i mogul della pubblicità del Terzo Millennio, i campioni della nuova raccolta pubblicitaria globale.

Carta stampata, ricavi in picchiata (senza ritorno)

La crisi della raccolta ha investito tutti i comparti, ma il più colpito è stato quello della carta stampata. In una sequenza drammatica, a partire dal 2007 e poi in progressivo forte peggioramento negli anni successivi, sull'editoria fatta di quotidiani e periodici si è abbattuta una tempesta senza precedenti.

Tra il 2007 e il 2014 il calo dei ricavi pubblicitari è stato del 65% – peggio di quanto stimato dalla Fieg –, pari in valore a oltre 1,9 miliardi (sui circa 3 miliardi di partenza). Difficile riscontrare una contrazione così intensa in un arco di tempo così breve, in qualsiasi altro settore industriale negli anni della crisi. Non c'è stato anno, da allora, in cui i bilanci delle case editrici non abbiano registrato significative perdite alla voce pubblicità, un trend che non è destinato ad arrestarsi.

Eppure, proprio nell'ultimo decennio la stampa

tradizionale ha conosciuto col web una visibilità e una diffusione inimmaginabili. Da prodotto d'élite, e sempre più di nicchia, se guardiamo alle vendite in edicola, i grandi quotidiani con i loro siti sono diventati per milioni di persone la porta d'accesso, totalmente gratuita, all'informazione e all'intrattenimento in tempo reale. Milioni di click e di contatti, per un pubblico, in apparenza, di dimensioni televisive. Per non parlare dell'espansione dei contenuti, soprattutto video, che hanno reso la stampa d'informazione un ibrido senza precedenti, fatto di articoli, commenti, cronache dal vivo, video, registrazioni e testimonianze di lettori e utenti, reportage fotografici, *galleries* per tutti i gusti, giochi online, conversazioni social. Il tutto moltiplicato dalla proliferazione delle piattaforme mobili, attraverso le quali la fruizione di Internet è cresciuta nella popolazione tra i 55 e i 74 anni del 79,6% nel 2016. Persino tra le casalinghe, il segmento tradizionalmente più refrattario al nuovo e più ancorato al regno della tv, l'accesso alla rete è aumentato del 52,9%[9]. Naturalmente, solo una parte di questo colossale traffico ha investito siti e portali della carta stampata. Si tratta comunque di un mercato di dimensioni gigantesche, ma per la stampa piuttosto avaro di soddisfazioni finanziarie.

Siti, portali e *apps* di quotidiani, con i loro autorevoli brand, sono diventati, grazie alla rete, media straordinari, potenti, pervasivi, ubiquitari. Ma non meno costosi, per via degli investimenti continui in tecnologie e sistemi, e vittime loro stessi del successo del web, della sua sostanziale gratuità e, in tempi

[9] Caterina Varpi, *Audiweb: il mobile traina la crescita dell'utenza Internet*, Engage-Contemporary Marketing & Media, 29 novembre 2016.

più recenti, della stasi e della contrazione degli investimenti pubblicitari online. I ricavi dalla pubblicità sulla rete sono oggi in Italia pari complessivamente a 2,36 miliardi di euro[10], una torta in crescita che solo in parte ha portato qualche beneficio alle esangui casse della editoria a stampa. Il grosso è andato, come sappiamo, al *search*, che di questi introiti intercetta, secondo le stime, tra il 40% e il 60%.

Le cose non vanno meglio altrove. Ad esempio, la raccolta pubblicitaria dell'editoria a stampa in Gran Bretagna è scesa nel 2016 di altri 135 milioni di sterline, portando il settore a intercettare complessivamente meno di 900 milioni di sterline. Si tratta di investimenti – dice Douglas McCabe, Ceo della Enders, società londinese di ricerca specializzata su questi temi – che non torneranno più indietro. D'altronde, la diffusione media di copie di quotidiani si è ridotta a poco più della metà rispetto al 2000, passando da quasi 14 milioni di copie a poco meno di 8 milioni.

Anche l'*advertising online* e digital sulle piattaforme dei quotidiani, fatto prevalentemente di banner e pop up, è in controtendenza rispetto alla crescita a due cifre degli investimenti sulla rete e anzi segnala una diminuzione del 4%. Ciò anche a causa della crescente insofferenza, da parte dei navigatori, alla modalità "spot" o annuncio tradizionale con cui viene proposta la comunicazione commerciale sui siti. Il crescente impiego, di cui parleremo tra poco, di software cosiddetti *ad block*, cioè che impediscono a banner o a pop up di attivarsi, peggiora le cose.

[10] Marta Vallecchi, Forum 2016, 29 novembre 2016.

C'è stata una massiva migrazione della pubblicità prima dalla stampa all'online e ora dall'online al *mobile*. Bisogna partire da qui, dice Tim Elkington dell'Interactive Advertising Bureau, per capire i numeri dei quotidiani. E questo spiega gli sforzi, in corso in diversi contesti, di concentrare la potenza di fuoco della stampa, anche se per farlo è necessario consorziarsi tra concorrenti. In Gran Bretagna ci stanno provando gli editori di grandi testate come "The Daily Telegraph" e "The Mirror", insieme ad altri, dando vita a una unità integrata per la raccolta pubblicitaria online sulle loro piattaforme. Da noi ci sono, da tempo, accordi tra editori che ruotano attorno alle concessionarie più forti, fin qui con risultati deludenti, almeno se guardiamo agli introiti sul digitale.

La ricerca nel mondo online di spazi commerciali da parte di quotidiani e periodici rischia di essere, nel lungo termine, poco gratificante. L'aumento del traffico sui siti *free* non incrementa significativamente i ricavi, mentre le difficoltà nello sviluppare una strategia centrata sui contenuti incatenano i quotidiani italiani alla loro nicchia di lettori cartacei, peraltro in continua erosione.

Non mancano, però, esempi di soluzioni alternative. È il caso dell'"Independent", quotidiano britannico fondato circa trent'anni fa e da più di venti sempre rigorosamente in perdita, che ha archiviato nel 2016 il suo primo anno in attivo, sei mesi dopo avere chiuso le edizioni cartacee.

Il passaggio al solo digitale ha fatto letteralmente esplodere il traffico sulle sue piattaforme, che avrebbero raggiunto la cifra record di 74,3 milioni di utenti unici nell'agosto scorso, con una crescita del 41%

sull'anno precedente. Il *digital advertising* è cresciuto del 45% sul 2015, apportando ricavi per circa 20 milioni di sterline[11]. Certo, è difficile confrontare il quotidiano della City, così classico e *stylish*, con la sua storia sofferta di voce neutrale e di giornalismo di qualità orientato alla politica internazionale, con la nuova gazzetta digitale. Però oggi questa testata dispone di un nuovo posizionamento e di risorse derivanti da abbonamenti e pubblicità digitale che le permettono di sviluppare il proprio mercato, guardando più ai nuovi provider di informazioni digitali, come BuzzFeed e The Huffington Post, che agli antichi e blasonati rivali in edicola.

La ricerca di nuove fonti di ricavo alternative alla pubblicità ha spinto grandi *newspapers* come il "New York Times" ad incrementare sempre di più la vendita solo digitale, che per la testata della Grande Mela ha superato di slancio il milione di copie, mentre il "Wall Street Journal" ha raggiunto le 720 mila. Ma, per restare negli Usa, altri gruppi editoriali, come il Tribune Publishing (oggi Tronc), che controlla il "Los Angeles Times", il "Chicago Tribune" e il "Baltimore Sun" raggiungono a stento le 70 mila copie.

Difficile, quindi, per tutti i protagonisti della carta stampata fare i conti, letteralmente, con una transizione così veloce e dirompente verso un nuovo modello di business. Ma inevitabile. Una vera sfida, poi, pensare a un cambiamento così radicale in Italia, paese che deve anche affrontare un ritardo che è culturale prima che tecnologico. Ma questa è la strada che

[11] *"Independent" Returns to Profit after Axing Newspapers*, "Financial Times", 19 ottobre 2016.

hanno davanti i grandi giornali e che altrove, come si è visto, comincia a dare i primi frutti.

La caduta degli investimenti pubblicitari è, d'altra parte, un fenomeno globale, che produce ovunque drammatici impatti sul mondo dell'editoria tradizionale. E che si combina con la riduzione progressiva e sempre più accentuata dei lettori e il contestuale spostamento degli investimenti pubblicitari verso nuovi media digitali e social. Negli Stati Uniti, ad esempio, si calcola che tra il 2005 e il 2015 i ricavi pubblicitari destinati alla stampa (incluse le edizioni digitali) siano passati da 50 a circa 20 miliardi di dollari, mentre gli introiti pubblicitari dai siti online dei quotidiani sarebbero cresciuti nello stesso periodo di solo 1,5 miliardi di dollari[12]. Peraltro, la diffusione di alcuni tra i più grandi quotidiani statunitensi è scesa nello stesso periodo di circa il 50% in grandi centri come Miami o San Francisco. In Gran Bretagna, un tabloid popolare di grandi tirature come "The Sun" – una formula editoriale sconosciuta in Italia – ha perso dal 2008 un milione di lettori.

Tutte le grandi aziende editoriali del mondo sono di fronte a uno scenario di resilienza, di tagli di costi, di innovazione, di ricerca di nuovi canali distributivi, di nuovi lettori o di nuovi consumatori di contenuti informativi a pagamento. Alcuni, come il "Washington Post", hanno deciso di difendere la propria visibilità di marchio dell'informazione distribuendo tutti i propri contenuti sotto forma di *instant articles*,

[12] Fonte: Pew Research Center, 2016, http://www.journalism.org/2016/06/15/state-of-the-news-media-2016.

in particolare, su Facebook, con cui diverse testate hanno stretto partnership per la distribuzione di contenuti. La tesi, dichiara Cory Haik, *executive director* del "Washington Post", è che è ormai tempo di fare una sperimentazione su larga scala, seguendo gli insegnamenti di Jeff Bezos. Senza esitazioni[13].

La scommessa è quella di contrastare la progressiva marginalizzazione dei canali tradizionali, aumentare considerevolmente traffico e *views*, incrementare gli introiti pubblicitari. Nessuno, però, sostiene Gabriel Kahn, docente di giornalismo alla University of Southern California, si aspetta che nella sfida con i giganti del digitale la stampa possa vincere: "è solo questione di sopravvivenza". Ma tant'è. Tutte le aziende editoriali sono alla (difficile) ricerca di nuovi modelli per trovare ricavi sostenibili diversi dalla pubblicità tradizionale e più generosi del semplice abbonamento. Un passaggio epocale che segnerà nei prossimi anni la completa mutazione del mondo dell'informazione.

Tv: i budget a rischio e la minaccia fantasma

In un mercato che cambia così profondamente e velocemente, nel pieno di una lunga crisi dei consumi e degli investimenti e sotto la pressione di un clima d'opinione pessimistico e rinunciatario (che ancora affligge la nostra economia), la tv, se guardiamo alla quota complessiva sui ricavi totali, è riuscita in Italia a mantenere una forte presa sugli inserzionisti e a

[13] Innovation, Media Consulting Group, *How to Distribute Content Where Your Readers Are*, ottobre 2016: http://innovation.media/magazines/how-to-distribute-content-where-your-readers-are.

difendere i propri bilanci meglio degli altri comparti dell'editoria tradizionale.

Anche nel periodo che va dal 2008 al 2015 le ricerche, pur non sempre omogenee e confrontabili tra loro, segnalano una sostanziale stabilità della leadership storica dei media televisivi con una quota, come si è detto, intorno al 50% del totale. Nel 2015, in particolare, tv generaliste, satellitari e digitali, *free* e pay, hanno raccolto oltre 3,6 miliardi, il 49% circa del mercato[14]. Ma, anche in questo caso, la distanza dagli anni pre-crisi è notevole. Nel 2007 il sistema televisivo italiano raccoglieva poco più di 5 miliardi, peraltro distribuiti su una platea molto più ristretta per via della fase appena iniziale della digitalizzazione e a fronte di un numero molto più contenuto di canali e piattaforme.

Secondo l'Agcom, l'Authority delle comunicazioni, tra il 2010 e il 2015 i ricavi da pubblicità destinati al sistema televisivo sono passati da 4,8 a 3,2 miliardi di euro: il 44% in meno. La riduzione più vistosa dei ricavi pubblicitari ha colpito la tv pubblica, che ha visto i propri budget più che dimezzati tra il 2007 e il 2011. Storicamente sempre seconda a Publitalia (Mediaset), anche per motivi regolamentari (i famosi "tetti" di affollamento pubblicitario), Sipra, la concessionaria da qualche tempo ridenominata Rai Pubblicità, ha dovuto fare i conti con un mercato in significativa contrazione e con un concorrente in chiaro, Mediaset appunto, deciso a difendere i propri introiti.

Lo scontro tra i due oligopolisti, per di più, si svol-

[14] Fonte: Nielsen.

geva in un'arena sempre più affollata, con ormai quasi duecento canali nazionali e circa cento locali. La Rai, da parte sua, ha cercato di resistere alla discesa del fatturato anche con una feroce competizione sui prezzi, grazie alla stabilità dei ricavi derivanti dal canone. Mediaset ha cercato a sua volta di diversificare i propri incassi entrando nell'area delle pay tv con l'operazione Premium, oggi al centro di una disputa con l'annunciato compratore della piattaforma a pagamento, la francese Vivendi, che vuole rinunciare all'accordo con la famiglia Berlusconi e punta a controllare direttamente il secondo editore televisivo italiano.

Nel pieno del confronto tra i grandi protagonisti della tv italiana, l'intero comparto ha subìto profonde trasformazioni. Intanto, il consolidamento attorno a un unico operatore satellitare aveva già alterato la composizione della spesa tv degli italiani e modificato parzialmente il mercato della raccolta, a sua volta intercettato dal nuovo editore televisivo. Sky aggrega (dati 2015) poco più di 4,7 milioni di abbonati, con ricavi pari a 2,4 miliardi di euro, un decimo dei quali provenienti dalla raccolta.

Il passaggio da una tv completamente gratuita a un sistema a pagamento ha eroso e segmentato la platea televisiva tradizionale, polarizzando le audience in termini sia sociali sia generazionali. L'ingresso recente di nuovi operatori nel campo dei contenuti, combinato con l'uso sempre più intenso di piattaforme alternative alla tv, come tablet e smartphone, sta a sua volta modificando le modalità di fruizione della programmazione televisiva, rendendo molto complessa la misurazione puntuale dei consumi.

L'impatto sulla quantità e sulla qualità della raccolta è evidente. La tv generalista concentra i suoi ascolti, come abbiamo visto, in fasce anziane della popolazione, cui destina un'offerta tradizionale di contenuti che richiama investitori *mass market* orientati ai consumi delle famiglie di reddito medio basso e a un'utenza di età più avanzata. Anche dando un superficiale sguardo ai break pubblicitari televisivi nelle ore di massimo ascolto, non sfugge la vistosa deriva verso prodotti tipicamente da tarda età, mentre si riducono gli investimenti in aree commerciali rivolti alla fascia dei più giovani, dalla prima infanzia all'adolescenza, in via di accelerato trasferimento sui nuovi media digitali e social. Si tratta di segmenti di consumo, espressione di una fascia demografica da noi in contrazione, che cercano e trovano altrove contenuti televisivi più adeguati.

Ad aggravare il drenaggio di risorse dei consumatori televisivi e a spingere verso una segmentazione sempre più articolata delle audience ci si mettono anche le nuove piattaformc *on demand*. I ricavi lì, sono su abbonamento o per acquisto puntuale, la pubblicità non c'entra. Ma è chiaro che parliamo di pubblici cosiddetti "alto consumanti", i cui ascolti vengono dirottati su canali pay e dunque sottratti al contatto con l'inserzionista. I ricercatissimi *millenials*, ad esempio, sono refrattari ai messaggi di marketing e fuggono dalla tv tradizionale sbarcando su piattaforme prive di pubblicità. Il 59% di loro preferisce scegliere in totale autonomia il tipo di contenuto da vedere, senza seguire la programmazione televisiva[15]. Lo stesso accade a

[15] Ericsson, *Tv & Media Report*, 2016: https://www.ericsson.

porzioni crescenti di popolazione televisiva, che tagliano abbonamenti via cavo (dove esistono) o satellitari per godersi contenuti di qualità, non interrotti da annunci pubblicitari. Una percentuale pari al 56% degli utenti in Italia ritiene che una programmazione priva di pubblicità sia importante e che valga la pena di pagare per averla[16]. È la nuova minaccia che incombe sui ricavi pubblicitari tradizionali.

Si è detto, nel primo capitolo, di Netflix, arrivata in Italia solo nel 2016 ma già in grado di acquisire crescenti quote del mercato dei contenuti televisivi. Ma non c'è solo Netflix. Ci sono, da tempo, solo per restare dalle nostre parti, Fastweb (anche in accordo con Sky), Apple Tv, Telecom, Chili, Infinity (Mediaset), Amazon Prime che per vendere i propri prodotti non hanno nemmeno bisogno della tv. Tutti insieme valgono una quota di mercato per il momento ancora marginale.

Se poi guardiamo ai paesi più avanzati, vediamo come i ricavi si stiano gradualmente spostando verso un mondo che non ha infrastrutture distributive proprie, ma utilizza quelle pubbliche – si fa per dire – dei grandi operatori delle tlc. Non è un caso se in Gran Bretagna il 100% del mercato della pay tv è basato su offerte integrate che sfruttano la potenza della banda larga. British Telecom è diventato il principale competitore di Sky, che reagisce a sua volta portando la sfida a Bt direttamente nel campo della telefonia, voce e dati. In Spagna, mercato dai consumi piuttosto simili al nostro, l'offerta pay è interamente nelle mani

com/networked-society/trends-and-insights/consumerlab/consumerinsights/reports/tv-and-media-2016.

[16] *Ibidem*.

dei colossi delle tlc – Telefonica-Movistar, Vodafone-Ono, Orange – che si affrontano con aggressive politiche di prezzo e di servizio, tutte su banda larga. In Francia gli operatori Internet sono molto attivi, hanno sottratto una quota rilevante a Canal+ e sono ormai prossimi al 40% del mercato. In Germania almeno il 30% del mercato pay è controllato da tv via cavo o da *Internet providers*[17]. Unica eccezione, l'Italia, dove il mercato pay è ancora quasi interamente nelle mani delle tv generaliste o satellitari.

Quanto potrà durare questo splendido isolamento? Certo, la lentezza con la quale da noi si sviluppa la banda larga, precondizione per la nascita di un vero mercato competitivo dei contenuti su piattaforme video, aiuta a mantenere lo status quo. Ma è chiaro che questo scenario presto o tardi si modificherà e costringerà gli attori in campo a ripensare le proprie strategie. A partire dai grandi della telefonia italiana, sin qui alla finestra.

Altre iniziative, pur con modalità diverse, paiono andare nella stessa direzione. L'annunciata fusione tra At&t e Time Warner punta a contrastare il crescente assedio ai ricavi pubblicitari televisivi dei nuovi protagonisti della rete. Un'operazione come questa, ammesso che non sia ostacolata dalla manifesta contrarietà di Trump, consentirà ad At&t, il gigante della telefonia che l'ha voluta, di rafforzare la sua presa su un mercato, quello televisivo, dove è già presente con DirectTv (comprata nel 2014 per 50 miliardi di dollari) e di allargare significativamente la

[17] Emilio Pucci, *Tivù a pagamento: il caso Italia*, "Prima Comunicazione", novembre 2016.

propria offerta su Internet, dove opera come uno dei principali fornitori di accessi alla rete. Acquisendo Time Warner con un investimento colossale apparentemente in controtendenza, At&t potrà portare a casa un bouquet di contenuti tv tra i più pregiati e con marchi leader dell'informazione e dell'intrattenimento, come Cnn, Hbo, Warner Bros. (gli *studios* di Hollywood), solo per citare i più noti. Il contesto che spinge ad aggregazioni come questa è sempre quello di un mercato televisivo in contrazione: gli americani che guardavano la tv erano, nel 2016, l'11% in meno di sei anni prima. Tra i giovani di 12-24 anni il decremento, nello stesso arco di tempo, sale al 40%[18].

Mentre negli Stati Uniti la telefonia si espande nel regno della "vecchia" televisione, da noi in Europa si confrontano e si scontrano gli operatori dei media e delle tlc. Murdoch, oltre a entrare nel mercato della telefonia mobile in Gran Bretagna, compra il controllo totalitario di Sky attraverso 21st Century Fox, che già detiene il 39% del capitale dell'operatore tv con base a Londra. Un'operazione già tentata nel 2011, poi rinviata a causa dello scandalo legato al quotidiano "News of The World" e che, come allora, punta all'ulteriore integrazione e a maggiori sinergie all'interno della struttura produttiva e distributiva di uno dei più grandi gruppi editoriali del mondo.

Da noi è Mediaset a ricevere le attenzioni, ostili, di Vivendi, il colosso media e tlc francese che, dopo avere di fatto acquisito il controllo di Telecom Italia,

[18] *Angling for the Future of TV*, "The Economist", 29 ottobre 2016.

manifesta esplicitamente il desiderio di contendere alla famiglia Berlusconi il controllo della prima rete privata italiana per poi, dicono alcuni, fonderla, come detto, con il colosso telefonico (anche se questo contrasta con i paletti Antitrust) o, in alternativa, tenersi le reti tv cedendo ad altri francesi, i telefonici di Orange, la quota in Telecom (oggi Tim).

Insomma, grandi cambiamenti stanno ridisegnando la mappa di chi gestisce i network televisivi, decisi a trasformarsi in colossi internazionali multipiattaforma e a utilizzare contenuti esclusivi per prepararsi alla sfida decisiva con un web sempre più potente e aggressivo.

In questa trasformazione c'è chi vede anche una sorta di ritorno al passato, in forme nuove, con televisioni dotate di pochi canali, al posto delle centinaia di cui oggi dispongono le tv via cavo o satellitari, ma ciascuno con un'inedita profondità e varietà di contenuti, da vedere *on demand*. Netflix o Amazon potrebbero essere i prototipi di queste tv del futuro (prossimo). Investono milioni per produrre serie esclusive, film, format cui accedere da qualunque piattaforma. I broadcaster tradizionali si concentreranno invece sugli eventi sportivi in diretta, sui grandi appuntamenti musicali live, per rendere la loro offerta competitiva e, da un certo punto di vista, irrinunciabile.

Sarebbe prematuro, quindi, parlare di crisi o addirittura di fine della tv. Come qualcuno ha di recente osservato, la tv, specie nel paese – gli Usa – che l'ha sperimentata in tutte le forme possibili, è tutt'altro che in ritirata, nonostante la frammentazione delle audience, le crescenti difficoltà nella raccolta e la competizione a tutto campo di Internet. "Mentre i media digitali stavano costantemente divenendo il comune denominatore, al più basso livello, di una competizione centrata sul traffico, la televisione stava entrando in una delle sue cicliche età dell'oro, stava diventando un evento culturale". È questa la diagnosi anticonformista di un discusso, ma influente, esperto di media e comunicazione americano, Michael Wolff[19], che pronostica l'inevitabile supremazia dei contenuti di qualità visibili su un mezzo, la tv, che siamo tutti più o meno abituati a remunerare per i servizi che ci rende, il piacere e il divertimento che ci dà, le narrazioni sempre più coinvolgenti che ci propone.

A differenza di un mondo, il web, dove tutto è *free* o quasi, ma che è anche meno ricco della nuova, spumeggiante offerta televisiva, sia essa proposta dai broadcaster tradizionali o dai nuovi fornitori di serie, film e format per la tv che producono e poi distribuiscono grazie alla rete, come la già citata Netflix. E sarebbero appunto nuovi fornitori di contenuti a rovesciare, secondo Wolff, l'assioma di Internet che trasforma e sottomette la televisione al suo potere. Netflix, il provider di film e serie a pagamento, nato dalle ceneri di un business sepolto dall'evoluzione tecnologica (come il noleggio di dvd), poi passato con successo alla distribuzione di contenuti via streaming, è oggi l'entità in grado di trasferire, dice ancora Wolff, valori e comportamenti tipici della programmazione televisiva a un universo di utilizzatori di schermi pc o di tablet interattivi. Una specie di *unrevolution*, rivoluzione alla rovescia o controrivoluzione della tv.

[19] Michael Wolff, *Television is the New Television*, Portfolio/Penguin, New York, 2015.

Si vedrà. Difficile, comunque, applicare questa visione alle strategie di lungo periodo degli editori televisivi che basano il loro business su infrastrutture trasmissive di grandi dimensioni e strutture produttive complesse e costose, per sostenere le quali i ricavi pubblicitari sono indispensabili. Ricavi che seguono lo spostamento di intere fasce di audience, specialmente quelle più giovani, verso Internet, e costringono i grandi network tv a ripensare il loro futuro. L'analisi di Wolff, in qualche punto capace di cogliere nel segno, appare un richiamo di sapore nostalgico e a tratti polemico (verso Internet), che sottostima l'irreversibilità dei fenomeni in corso.

Intanto sulla rete, calamìta degli investimenti pubblicitari, si staglia l'ombra dei software che possono bloccare o ridurre il contatto con gli annunci pubblicitari. L'onda lunga del *World Wide Web*, libero e refrattario per natura a pagare contenuti e prestazioni, comincia a contagiare la presenza sempre più massiccia dell'*advertising online*.

Social e over-the-top*, i nuovi padroni della raccolta*

Si è detto nelle pagine precedenti che la spesa complessiva in pubblicità in Italia è scesa dai circa 10,3 miliardi del 2007 ai 6,5 miliardi del 2015. Entrambi i valori incorporano i ricavi destinati all'editoria tradizionale e non considerano quelli destinati al *search* e agli *over-the-top*. Sulla porzione crescente assorbita dai colossi di Internet non esistono dati ufficiali: le loro residenze fiscali, tutte rigorosamente fuori dalla portata dell'Agenzia delle entrate, non consentono di avere notizie certe su dimensioni e composizione dei loro fatturati.

Negli ambienti della comunicazione circolano, però, stime convergenti secondo le quali, ad esempio, nel 2016 la quota di investimenti raccolta dai grandi operatori della rete (e, in particolare, da Google e Facebook) si sarebbe attestata a circa 1,6 miliardi di euro, a fronte di un ammontare complessivo del mercato dato a oltre 7,6 miliardi[20]. Se così fosse, la raccolta attribuita a questi canali si collocherebbe, per dimensioni, subito dopo quella complessiva delle tv, con una frazione del totale superiore al 20%.

Semplicemente proiettando i tassi di crescita attuali, i motori di ricerca e le piattaforme social assorbiranno anche in Italia, al massimo entro cinque anni, più del 50% del mercato, superando largamente la raccolta tv e surclassando di diverse lunghezze ciò che a quel punto rimarrà dei ricavi destinati a giornali, periodici, radio, cinema e *outdoor* che nel 2015, tutti insieme, raccoglievano poco di più dei due grandi della rete.

Anche in questo caso siamo di fronte a un fenomeno globale, solo con velocità diverse. Negli Stati Uniti Facebook e Google hanno totalizzato nel 2015 il 75% dei nuovi ricavi di tutto lo *spending* online e nelle loro casse finiscono 85 centesimi per ogni dollaro speso in *digital advertising*[21]. Il 2017 sarà, secondo eMarketer, una delle più autorevoli società di ricerche sul mercato digitale, l'anno del sorpasso vero e proprio sulla raccolta tv negli Usa. La forza di Facebook e Google

[20] GroupM, *Research & Insight on TYNY Interaction*, cit.

[21] Fonte: *Internet Trends*, 2016: http://www.kpcb.com/internet-trends.

è tale che sono già in grado, secondo Brian Wieser, di strappare, letteralmente, intere campagne al sistema televisivo a stelle e strisce[22].

D'altra parte, è proprio il flusso di contenuti che si sta progressivamente ma rapidamente trasferendo da alcune piattaforme – giornali e soprattutto tv – ad altre, in particolare i social media. Sono loro il nuovo punto focale nella vita degli utenti di smartphone, la cui diffusione senza precedenti fa da propellente a un traffico fatto di news e *advertising* che approda direttamente nel piccolo display, sempre acceso e connesso, di quello che fino a non molto tempo fa chiamavamo semplicemente "telefonino". Un traffico destinato a crescere senza limiti e a catalizzare l'attenzione sempre più forte di brand e aziende.

La spesa pubblicitaria globale, che è destinata ad aumentare a livelli superiori all'andamento del Pil del mondo, si sta riposizionando sui dispositivi mobili che diventeranno, a breve, i contenitori del 60% di tutto l'*Internet advertising*. Entro il 2018 gli investimenti pubblicitari destinati a questi *devices* cresceranno di circa 83 miliardi di dollari, quelli televisivi di un ordine di grandezza in meno (7,3 miliardi di dollari). Anche per effetto di questa poderosa spinta, si prevede che entro il 2017 la raccolta su Internet rappresenterà più del 38% di tutti gli investimenti pubblicitari, superando quella destinata alle tv. La rete sarà a quel punto il più grande media pubblicitario del mondo[23].

[22] Matthew Garrahan, *Advertising: Facebook and Google build a duopoly*, "Financial Times", 23 giugno 2016.

[23] Fonte: *Advertising Expenditure Forecasts*, Zenith Optimedia, 2016:

Certo, può lasciare perplessi la constatazione che circa un terzo di tutta la pubblicità online sia "vista" da "non umani", cioè da dispositivi, software e robot che popolano la rete molto più intensamente di quanto si creda e della cui presenza attiva è pressoché impossibile accorgersi. Circostanza che stimola utenti e investitori a riflettere sulle modalità di fruizione della pubblicità online su tecnologie sia fisse sia mobili (queste ultime in fortissima crescita sulle prime). Secondo la potente World Federation of Advertisers, il danno prodotto nel 2016 ai suoi membri dalla quota di consumatori-macchine di *adv impressions* – un termine coniato proprio per la pubblicità online – è stato pari a 7 miliardi di dollari. Un mucchio di soldi, che sta spingendo anche a guardare con maggiore senso critico il crescente utilizzo di sistemi di pianificazione pubblicitaria denominati *programmatic* o *automated buying*, la più recente e sofisticata tecnologia di gestione degli investimenti sulle piattaforme online e digitali.

Di che si tratta? Fondamentalmente della compravendita automatica o semiautomatica degli spazi pubblicitari online per mezzo di piattaforme software, con lo scopo di ottimizzare costi e visibilità delle campagne. Detto così sembra semplice, in realtà è un sistema complesso che si avvale di diverse metodologie e relativi software per la negoziazione tra domanda e offerta, anche attraverso meccanismi d'asta. Con il *programmatic*, come tutti ormai lo chiamano,

http://www.zenithoptimediagroup.it/assets/04-Notizie-e-novita/31-Adspend-Fcst-Sept16/Zenith-Advertising-Expenditure-Forecasts-September-2016-Executive-Summary.pdf.

l'investitore cerca di raggiungere con sempre maggiore precisione i target di consumo desiderati, riducendo la dispersione degli investimenti in direzioni poco redditizie e a visibilità indeterminata. In Italia, questa voce dell'*Internet advertising* è passata tra il 2012 e il 2015 da 5 a 234 milioni di valore, con tassi di crescita spettacolari[24]. Non c'è inserzionista che non stia cominciando ad affiancare il *programmatic* alla pianificazione tradizionale, con il supporto dei centri media che si stanno cimentando, a loro volta, con le nuove sfide della pubblicità online e social.

C'è una discussione aperta sulla *viewability*, l'effettivo contatto visivo ed emozionale dell'utente Internet con l'annuncio, nelle sue varie forme. Quanto a lungo dovrebbe durare la visione per considerare "vista" la pubblicità? Oppure: quanto grande dovrebbe essere lo schermo che la ospita in quel momento, in funzione anche della complessità e numerosità di elementi che contiene? Il Media Rating Council (Mrc) che fissa, negli Usa, le regole per la misurazione delle audience, considera un annuncio display *viewable* se un consumatore può vederne metà per almeno un secondo, o due secondi se si tratta di un video[25].

L'attenzione all'efficacia degli annunci pubblicitari, peraltro, non è nuova. Tradizionalmente, su stampa e tv i contatti con gli utenti si calcolano in base alla *readership* o alle audience, rispettivamente misurate o stimate, ma ciò non consente certezze in merito al nu-

[24] Fonte: *Osservatorio Internet Media*, Politecnico di Milano e Iab, 2016.

[25] *Invisible Ads, Phantom Readers*, "The Economist", 23 marzo 2016.

mero effettivo di *adv impressions*. Paradossalmente, mentre uno spot in tv può non essere materialmente visto da uno spettatore che si allontana casualmente dallo schermo per pochi istanti, la visione della pubblicità sulla rete è di fatto tracciabile e spesso a sua volta collegata con link ai siti di prodotto o di e-commerce. Quindi non sembra che le discussioni sulla *viewability* possano mettere in dubbio l'efficacia complessiva dell'*Internet advertising*.

Meno scontato, invece, è l'impatto dell'*Ad blocking* sull'evoluzione del consumo pubblicitario sulla rete attraverso le diverse piattaforme. I software che consentono di disattivare banner e pop up rappresentano una minaccia concreta alla crescita degli investimenti sul web. Uno dei più popolari tra questi software, AdBlock Plus, è stato scaricato centinaia di milioni di volte dagli utenti a livello mondiale. Il suo ruolo, dichiarato ma piuttosto controverso, è quello di redigere una lista di annunci tollerabili, cui concede l'accesso all'utente. Siti e applicazioni ad alta densità pubblicitaria non vengono ammessi al contatto oppure devono pagare una *fee* per superare il blocco. I responsabili di AdBlock Plus sostengono che questa prassi sia appropriata e che i siti ammessi devono comunque offrire annunci accettabili. Lo Iab (Interactive Advertising Bureau) definisce questo filtro a pagamento una sorta di estorsione[26].

Il ricorso a questi nuovi software blocca-annunci è comunque in forte crescita. Secondo PageFair, una società di ricerche irlandese, 200 milioni di utenti

[26] *Ibidem*.

online e 420 milioni di possessori di smartphone hanno installato tra il 2015 e il 2016 software *Ad blocking*, con una crescita rispettivamente del 41% e del 90% su base annua. Fenomeno non senza conseguenze sui bilanci degli editori che nel 2015, secondo il "Financial Times"[27], a causa dell'*Ad blocking* avrebbero perso ricavi per circa 22 miliardi di dollari.

In ogni caso, le modalità attraverso le quali raggiungere, con annunci commerciali e le più diverse forme di *advertising*, l'utente web senza irritarlo o spingerlo addirittura a impedire il contatto è un problema chiave per marchi e aziende. La rete è il più potente, complesso, penetrante canale pubblicitario; a breve sarà, come abbiamo visto, per dimensioni di investimenti diretti, il primo in assoluto. La sua crescita sulle piattaforme *mobile* ne sta già facendo il tramite indispensabile per la promozione di qualsiasi tipo di attività commerciale.

C'è da considerare, inoltre, come segnala Ctrl-Shift, una società di consulenza digitale londinese, il costo (invisibile) della pubblicità per l'utente, non solo in termini di tempo e di attenzione, ma anche di banda larga impiegata dagli annunci che irrompono sul video di un pc, di un tablet, di uno smartphone. Per non parlare della percepita riduzione del servizio di connessione e l'intrusione, priva di qualsiasi regola, degli annunci commerciali nell'esperienza online.

Anche il *search* e la cosiddetta "profilazione" degli utenti Internet rischiano di incontrare qualche osta-

[27] *Consumer Fightback Against Online Marketing is Ramping up*, "Financial Times", 11 settembre 2016.

colo. Praticamente tutti i dispositivi, fissi e mobili, possono essere, come si dice, "settati" per impedire la ricostruzione della navigazione tra siti e portali, escludendo in parte i famosi *cookies*, che le piattaforme esistenti sono in grado di disattivare, impedendo così ai motori di ricerca di registrare gli spostamenti di chi naviga per proporgli, non richiesti, l'annuncio o la promozione di un prodotto, di un servizio, di un acquisto d'impulso. In poche parole, ostacolando l'*Internet Based Advertising*, che senza le tracce che noi lasciamo nella rete non sarebbe facilmente praticabile. Ciò non significa che non si verrebbe più raggiunti dagli annunci, ma che essi non sarebbero direttamente correlati con le scelte di navigazione effettuate dall'utente.

Non solo. Se la mia navigazione non può essere memorizzata e non vengono resi disponibili, automaticamente, tutti gli indirizzi toccati dalla mia peregrinazione via web, diventa anche più difficile la mia profilazione, cioè la conoscenza piena, da parte di chi gestisce la rete, di parte dei miei dati, dei miei gusti, delle mie attitudini. Grazie alla profilazione, i motori di ricerca possono immaginare cosa voglio, prima ancora che abbia scritto per intero la prima parola che sto cercando. Improbabile che gli utenti si mettano, in massa, a disattivare l'*history browsing*, ma l'eccesso di *advertising* profilato potrebbe, presto o tardi, generare reazioni simili a quelle di cui si è parlato in ambito televisivo.

Per effetto della rivoluzione digitale, l'industria dell'*advertising* sta affrontando una vera e propria crisi esistenziale. Dunque diventa sempre più urgente ripensare la pubblicità e le attività commerciali destinate al web, fin qui concepite, di fatto, come l'espansione naturale di quelle nate per i media tradizionali. Chiunque sia stato alle prese con la creazione e la produzione di campagne pubblicitarie sa bene quanto sia difficile riprogrammare la visione, e l'esperienza, di chi tra i creativi ha speso buona parte della propria carriera partendo dall'idea di un annuncio destinato agli spazi editoriali e non, direttamente, all'utente che compulsa la rete.

Separatamente, marchi e gruppi editoriali negli Stati Uniti stanno studiando e sperimentando nuove tipologie di annuncio, testando quelle che sembrano infastidire meno i navigatori. È ciò che, d'altronde, fa da propulsore al cosiddetto *storytelling*, di cui si parla un po' dappertutto, talora con inconcludente insistenza: la nuova "narrazione" di valori, identità e proposte commerciali capace di legare i consumatori a brand e aziende. Siamo certamente di fronte alla più radicale e profonda trasformazione della comunicazione dagli anni Quaranta e Cinquanta, quando nel mondo fece la sua comparsa la televisione. Tutto è nuovo, ancora più veloce, inatteso, sorprendente, ma lo scettro è passato dalle mani dei padroni dei network, dei *mad men* di mezzo mondo e dei pianificatori di professione ai nuovi consumatori digitali.

Tornando al flusso di investimenti pubblicitari destinato ai social media, si stima che entro il 2019 essi cresceranno del 72%, per un ammontare complessivo di circa 50 miliardi di dollari. Il loro valore sarà pari al 20% di tutto l'*Internet advertising*, pareggiando la spesa pubblicitaria destinata ai quotidiani, i quali subiranno l'anno successivo il definitivo sorpasso da parte della raccolta sui social. Anche i ricavi delle radio saranno raggiunti e superati entro il 2019 dalla pubblicità sui video online, che cresce a velocità simile a quella sui social media[28].

I social, oltre agli *over-the-top* che dominano la scena dei ricavi con il *search* e non solo, sono i protagonisti della crescita dell'*advertising online*. Le previsioni sono molto promettenti: entro il 2018, video online e social media saranno i propulsori dell'*Internet display*, con una crescita rispettivamente del 20% i primi e del 27% i secondi. Queste performance sono per lo più dovute alla rapida transizione al *mobile advertising*, grazie a dispositivi, come gli smartphone (o i più grandi phablet), sempre più adatti al consumo di immagini. Crescerà, naturalmente, anche il *search*, a un tasso del 13% annuo fino al 2018, spinto da algoritmi più evoluti, ricerche sempre più personalizzate e in grado di interpretare ancora più facilmente le esigenze degli utenti[29].

I nuovi introiti pubblicitari si dirigono verso i canali social in forme inedite. Ad esempio, attraverso l'uso sempre più incisivo e pervasivo dei cosiddetti *influencers*, per lo più personaggi del mondo dello sport o dello spettacolo, che vantano migliaia o milioni di follower. Al consumo social dei loro fan, questa categoria di nuovi testimonial destina immagini, brevi video, commenti, selfie, in un flusso continuo di stimoli e sollecitazioni che alimentano un pubblico vasto e composito, che li segue per passione. La maggior parte di questi video o di queste immagini

[28] Fonte: *Advertising Expenditure Forecasts*, cit.
[29] *Ibidem*.

ha protagonisti visibili, i vip in questione, e dei coprotagonisti, altrettanto in evidenza: i marchi che sponsorizzano i vip stessi. Cristiano Ronaldo, una delle più pagate star del calcio, oltre ai generosi ingaggi da classico testimonial pubblicitario per brand planetari, vanta non meno di 240 milioni di fan sui principali social, come Facebook, Instagram e Twitter. Su Facebook, ad esempio, Captiv8, una piattaforma di *analytics* che connette i marchi ai *social media influencers*, calcola che a partire da 3-7 milioni di follower i ricavi che una *celebrity* può incassare sono di poco inferiori, in media, ai 190.000 dollari. D'altra parte, basterà fare bella mostra di un orologio di marca, appena avuto in regalo, per trasformare quel breve video, all'apparenza innocente, in un formidabile generatore di contatti con potenziali consumatori. Tutti lì, davanti allo schermo, a godersi le immagini e le battute del loro campione e, forse, a immaginare come starebbe bene al loro polso quel bell'orologio.

In alcuni social, i video in questione sono segnalati con un *tag* che ne descrive la natura: #ad# o #sp#, cioè *advertising* o *sponsorship*, una sorta di avvertenza che compare sempre più spesso anche su siti e portali d'informazione. Ma non tutti utilizzano questa indicazione, peraltro non particolarmente evidente, né sono obbligati a farlo. È la natura dei social media, pensati per il contatto visivo, l'esibizione e l'emulazione, che fa dei personaggi altrettante icone viventi. Anche quelli nati nel nuovo universo social e cresciuti in notorietà senza motivi particolari se non il protagonismo costruito con una martellante, e astuta, campagna di valorizzazione di sé stessi. Come accade al clan delle Kardashian, che non vanta meriti speciali nel mondo reale ma che nel tempo ha accumulato una quantità sorprendente di fan, che oggi valgono milioni in sponsorizzazioni e pubblicità. Per questo non è difficile immaginare che questa forma di *advertising* sia destinata a crescere notevolmente e a diventare una importante fonte di investimenti per i grandi marchi del mondo.

I social, insomma, che occupano un posto sempre più importante nelle nostre vite e assorbono quote crescenti del nostro tempo personale e professionale, stanno esercitando un'attrazione gravitazionale sull'intera economia della rete. News, conversazioni, immagini, video, nuovi movimenti politici e culturali e, inevitabilmente, finanza, comunicazione, pubblicità confluiscono nello spettacolare universo digitale di cui ci sentiamo protagonisti. Ma nel quale siamo spesso target pregiati di consumo e generatori involontari di ricavi e fatturati altrui.

3
LA GRANDE TRASFORMAZIONE

Nuovi canali, nuovi mercati dell'informazione

Se guardiamo i numeri così come ce li raccontano statistiche dalla durata inevitabilmente breve, l'impatto dei social media sulla popolazione mondiale è già di portata tale da non lasciare dubbi di alcun genere sul loro potere e sulla loro influenza.

Negli Stati Uniti, paese guida nella trasformazione tecnologica dell'economia e della società, più del 50% delle persone dichiara di cercare news sui social media, mentre la maggioranza degli elettori sostiene di essersi rivolto a queste fonti per raccogliere informazioni in occasione delle presidenziali dello scorso anno. Circa otto americani su dieci, attivi online, utilizzano Facebook, seguito da Twitter, Pinterest, Instagram e Linkedin, che raccolgono percentuali comprese tra il 24% e il 32%. Se si proiettano questi dati sulla popolazione totale, si scopre che Facebook, il più potente, ad oggi, tra i social, è utilizzato dal 68% degli americani adulti, in crescita grazie al progressivo incremento degli utenti di età più elevata[1].

[1] Fonte: Pew Research Center, 2016, cit.

In parallelo, la crisi dei quotidiani ha fatto registrare in America un ulteriore peggioramento in termini di diffusione (-7% nel 2015), con un aumento degli abbonamenti digitali di un modesto 2%. Tiene la tv, anche grazie alla spinta delle presidenziali, già visibile nel 2015, ma continua l'erosione di pubblico pagante che lascia i broadcaster tradizionali per le nuove piattaforme digital e per i social, di cui si è già detto nel capitolo precedente. Non stupisce, quindi, che tra le prime nomine dell'amministrazione Trump ci sia stata proprio quella del responsabile dei rapporti con i social media, una figura chiave nello staff presidenziale, che affianca quella del direttore per le strategie di comunicazione e quella del capo operativo della comunicazione *at large*. D'altra parte il neopresidente è stato definito *The Twitter-in-Chief* – che rifà il verso a *The Commander-in-Chief* – per via dell'uso intensivo del social durante e dopo la campagna elettorale.

Ormai le cose che contano passano da lì. Commenti istantanei su fatti di geopolitica, come quelli che hanno riguardato le scelte di Obama durante le ultime settimane della sua presidenza, o come i messaggi di reciproco sostegno che Trump e Netanyahu si sono scambiati sui social. Discussioni planetarie sulle più diverse tematiche, molte anche bizzarre, o riflessioni pensose sulla verità dei social (la famosa *post-truth*), che investono, in un caleidoscopio di rimandi da una piattaforma a un'altra, milioni di persone.

Lo stato nascente di questo nuovo mondo è alle nostre spalle. Le discussioni, malinconiche, sul ruolo della stampa nella formazione delle opinioni pubbliche lasciano ormai il tempo che trovano e, soprattutto, non godono quasi più ascolto al di fuori delle nicchie nelle quali si riconoscono i nostalgici dei media di una volta.

Lo sviluppo di questi nuovi canali, ancorché notevolissimo in termini dimensionali, è tutt'altro che giunto al suo stadio di maturazione. Si calcola che nel 2016, su una popolazione mondiale di circa 7,3 miliardi di persone, ci siano 3,4 miliardi di utenti Internet, 2,3 miliardi dei quali attivi sui social, quasi 2 miliardi attraverso *devices* mobili (in crescita del 17% sull'anno precedente)[2]. Si tenga conto che si tratta di dati globali medi, quindi non considerano le enormi differenze di reddito, di connessione, di accesso alle piattaforme che esistono in larghe porzioni del mondo, soprattutto nelle aree più povere e meno sviluppate.

Internet è già adesso, in tutte le economie avanzate e in quelle in via di sviluppo, l'infrastruttura di comunicazione leader; la concentrazione degli utenti è altissima nei paesi a maggior reddito, così come, ovviamente, il suo utilizzo per la corrispondenza (l'email, la prima *killer application* della rete), per le transazioni finanziarie e bancarie, l'e-commerce, la gestione su vasta scala di ogni tipo di documentazione, le news e qualsiasi prodotto d'informazione.

In Italia, paese che non brilla per efficienza e disponibilità di reti trasmissive tipo wi-fi e che ancora sconta, anche per evidenti limiti culturali, un utilizzo di Internet ben al di sotto del suo standard economico e industriale, sono 28 milioni i navigatori attivi sui social, 24 milioni dei quali anche attraverso

[2] Fonte: We Are Social, *Digital in 2016*: https://www.slideshare.net/wearesocialsg/digital-in-2016.

smartphone e tablet. Non manca uno spazio rilevante di crescita, tenendo conto che oltre il 95% della popolazione italiana possiede un cellulare, e nel 62% dei casi si tratta di uno smartphone.

Il futuro, dunque, è tutto in quella direzione. Sempre più digitali, sempre più connessi e interconnessi.

Ma cosa sta succedendo ai canali tradizionali e ai mercati che raggiungevano, cosa sostituisce i loro contenuti e come vengono generati e distribuiti i "nuovi" contenuti?

Parlando di media e del loro futuro c'è un'evidente cesura tra ere storiche e tecnologiche, tra prima e dopo il digitale. Nell'era che precede l'avvento del digitale e che è giunta sostanzialmente sino a noi, la catena della concezione, produzione, distribuzione, selezione del materiale editoriale era integralmente controllata dalla struttura industriale alla quale faceva capo.

Il giornalismo non è mai stato solo una professione, ma un sistema produttivo centrato sulla selezione e creazione di notizie e contenuti, sull'utilizzo di competenze e tecniche atte a impacchettarli e a farli arrivare a destinazione, fosse un'edicola, la casella postale di un abbonato di quotidiani, un apparecchio radiofonico o lo schermo televisivo. Un'industria che, come abbiamo visto, dipendeva dalla capacità di valorizzare la quantità di contatti (lettori o audience) che era in grado di raggiungere e, poi, di sensibilizzare, coinvolgere, mobilitare. Su questi contatti, sulla loro fedeltà, questa industria ha costruito la propria identità, la propria autorevolezza, il proprio successo. La pubblicità è stata il carburante decisivo di questo business che ne ha fatto, a un certo punto, uno dei più profittevoli in assoluto del Novecento.

Oggi questa industria è stata quasi completamente, come si dice, disintermediata o, meglio, letteralmente spazzata via dalle nuove piattaforme social, in particolare Facebook e Google (e, su altri fronti, Twitter), che si presentano ormai sul mercato come editori integrati.

Nei mesi scorsi, a una domanda precisa sull'argomento, il fondatore e capo di Facebook, Mark Zuckerberg, ha replicato che, sì, in effetti, la sua creatura va considerata una *media company*, cioè non solo una struttura distributiva ma un vero e proprio editore, al quale viene attribuito un ruolo decisivo nell'orientamento di milioni di persone. "Facebook – ha poi precisato Zuckerberg – è un nuovo tipo di piattaforma, non una tradizionale società tecnologica. Ma neanche una tradizionale *media company*. Costruiamo tecnologie e ci sentiamo responsabili su come vengono usate"[3]. La (quasi) ammissione era inevitabile dopo la discussione aperta dai risultati delle elezioni presidenziali americane circa la supremazia dei social sull'editoria tradizionale nel condizionare il comportamento degli elettori. Discussione resa più accesa dal caso delle cosiddette *fake news*, in italiano "bufale" informative, prodotte in ambienti social e "viralizzate" all'inverosimile dal meccanismo dei post e delle condivisioni. Si tratta di una questione in evidenza ovunque nel mondo e sulla quale seguiranno evoluzioni importanti sul piano deontologico, tecnologico e forse anche regolamentare.

[3] Simone Cosimi, *Facebook, Zuckerberg ammette: "Siamo una media company". Gli scenari giornalistici del social*, "la Repubblica", 22 dicembre 2016.

A ulteriore riprova della virata mediatica di Facebook, ma anche dell'incalzare di inediti quesiti circa la veridicità delle news sui social, il colosso di Menlo Park ha assunto una star televisiva di lungo corso, Campbell Brown, volto noto di Cnn fino al 2010, per guidare la News Partnership, un'entità che avrà il compito di lavorare a contatto con i media che pubblicano contenuti su Facebook. "Li aiuterò a capire come espandere la portata del loro giornalismo e attribuire valore al loro business", ha dichiarato Brown. "Stiamo assistendo – ha detto ancora la giornalista, nota anche come attivista sul fronte educativo – a una massiva trasformazione dell'industria delle news, dal punto di vista sia di come la gente le consuma sia di come i giornalisti le fanno circolare. Facebook è parte determinante di questa trasformazione", ha dichiarato la giornalista al "Financial Times".

Sempre Facebook si propone di offrire al giornalismo tradizionale strumenti "collaborativi", per sviluppare tecniche e metodi di lavoro dedicati ai professionisti dell'informazione, formarli all'utilizzo delle nuove tecnologie, insegnare agli utenti come trovare fonti attendibili. Lo farà attraverso il Facebook Journalism Project che si propone di essere, come la News Partnership, un luogo di confronto con l'editoria tradizionale per valutare servizi e prodotti di tipo informativo destinati ai social, nuovi format narrativi e di presentazione delle notizie, nuovi modelli di business.

Insomma, una piccola rivoluzione, stando agli annunci piuttosto promettente. Ma che rafforza l'idea di una progressiva trasformazione dei social in media a tutti gli effetti, in tempi brevi. Per il momento, nessuna tra le entità del mondo digital, operanti sia sul coté tecnologico puro sia su quello dei servizi e del software, può essere già considerata un'organizzazione di tipo giornalistico, benché molte tra loro integrino notizie nella loro offerta.

L'utilizzo massivo di contenuti informativi, nato anche per intercettare gli investimenti pubblicitari sui desktop, ha rapidamente messo radici nei dispositivi mobili, accesso privilegiato e sempre connesso col mondo delle news. Grazie a ciò, un po' alla volta, le società tecnologiche come Apple, Google e, ovviamente, Facebook sono diventate protagoniste integrali, se non dominanti, in tutti i comparti media, soppiantando di fatto con le proprie scelte e i propri obiettivi quelli dell'industria tradizionale[4].

Adesso anche la produzione diretta di materiale editoriale – testi e soprattutto video – si sta trasferendo dai media tradizionali alle piattaforme web. Facebook, che utilizza una grande struttura per esaminare e valutare contenuti, in grado di trasformarsi in una *newsroom* a tutti gli effetti, è già da tempo il canale distributivo spontaneo di una quantità impressionante di notizie raccolte dal mondo dei media tradizionali, rilanciate e commentate dagli utenti oppure direttamente collocate su Facebook dagli editori, attraverso il sistema degli *instant articles*, che permette la condivisione con le testate media dei ricavi pubblicitari generati dalle *views*. Quest'ultima modalità, cui si è fatto cenno in relazione al "Washington Post", sta diventando molto rilevante per la visibilità e i ricavi dell'editoria tradizionale su Internet.

[4] Amy Mitchell, Jesse Holcomb, *State of the News Media*, 2016: http://www.journalism.org/2016/06/15/state-of-the-news-media-2016/.

Non c'è solo Facebook, ci sono anche Google Amp (Accelerated Mobile Pages), Apple News, Snapchat Discovery, Twitter Moments, per citare solo le più importanti. Tutte piattaforme distributive che, con un semplice click, consentono agli editori di mettere davanti a una platea di utenti, di dimensioni prima inimmaginabili, i propri contenuti, trasformandoli in una fonte potenziale di ricavi. Grazie a tecnologie molto potenti, e in continua evoluzione, la leggibilità sui dispositivi mobili di notizie, articoli, video modello *instant articles* è già molto elevata, e molto ridotti sono i tempi di *download*. La possibilità di condivisione di contenuti cosiddetti "nativi" (e autenticamente editoriali) è di gran lunga superiore a quella che si ottiene attraverso la modalità *website*, molto più lenta e laboriosa. Mentre, come si è detto, il traffico sui siti informativi anche negli Usa tende a stagnare o a diminuire, pubblicare direttamente su piattaforme tipo *instant article* diventa una priorità.

Al momento utilizzabili solo su sistemi di tipo iPhone o Android, essi consentono di manipolare nelle più diverse forme i contenuti con espansione del testo, utilizzo di foto in alta definizione, spostamenti laterali del cellulare per rivelare altre parti della foto (*tilt-to-pan*), mappe interattive, didascalie audio incorporate ecc. Modalità di lettura che non hanno più nulla a che spartire con la fattura tipografica del giornalismo tradizionale (o con lo stile classico delle news e dell'entertainment in tv). Ma che proprio da quel giornalismo ricevono la spinta più forte.

"Se guardi al 'New York Times' – dice Michael Reckhow di Facebook –, in un singolo *instant article* puoi trovare articoli correlati, la registrazione della email, la possibilità di ridistribuire immediatamente il contenuto, l'opportunità di un nuovo abbonamento, i ricavi pubblicitari: tutti gli elementi chiave di ciò che un editore come il 'New York Times' sta cercando di fare"[5].

Sul piano economico, l'intesa, questa volta, sembra incoraggiante per i media. Nel mondo Apple e Facebook, per esempio, gli editori incassano la totalità dei ricavi legati alla lettura degli *instant articles*. Se i due giganti tech attraverso l'*instant* vendono pubblicità, all'editore va comunque il 70% dei ricavi. Ci sono ancora restrizioni varie, ma i negoziati tra i due mondi non sembrano condizionati più di tanto, almeno su questo fronte, dallo strapotere degli *over-the-top*.

Una nuova edicola digitale gestita in presa diretta dai media si aggiunge, quindi, a quella che già da tempo ha preso disordinatamente forma attraverso l'iniziativa di milioni di navigatori che fanno, ad uso collettivo, una specie di *cherry picking* di articoli, commenti, immagini e che danno vita, tra l'altro, ai famosi *trend topics*, le notizie più lette e seguite del momento.

Intanto, i social cercano nuove strade per potenziare la loro presa sui consumi mediatici degli utenti della rete. Twitter, il canale più attivo nella comunità planetaria di giornalisti, *publishers*, politici e blogger, pubblica inserzioni per la ricerca di giornalisti da destinare a Periscope, la sua *app* per scovare e pubblicare contenuti video. Cerca, dice l'annuncio, persone che "oltre all'inglese padroneggino almeno altre due lin-

[5] Innovation, Media Consulting Group, *How to Distribute Content Where Your Readers Are*, cit.

gue", mentre per i video il processo di *recruiting* punta a *producers* per trasmettere, da Londra, video online. Twitter ha anche iniziato, da qualche tempo, a testare un servizio di notifica per le cosiddette *breaking news*, le notizie dell'ultimo minuto, come accade in occasione di eventi sensazionali o drammatici[6].

In attesa che, a breve, i social diventino editori *tout court*, la capacità di raccogliere informazioni e di scriverne è, ancora oggi, la competenza più importante dell'editoria, sia essa tradizionale o già solo digitale. Senza questi contenuti, soprattutto quelli più complessi e analitici, che fanno parte della storia e dell'identità dei media, nessuna piattaforma digitale e social può aspirare a diventare una vera *media company*. Per questo, praticamente da subito, i protagonisti della rete e i loro utenti si sono appropriati di questi contenuti, trasformandoli in segmenti di informazioni in libera circolazione nel web. A tal punto che oggi la visibilità di una notizia, in termini quantitativi, dipende in misura rilevante dalla sua circolazione sui social. Visibilità, peraltro, che al momento attuale non produce, se si escludono le nuove modalità tipo *instant article*, né introiti per l'editore che l'ha generata, né riconoscibilità della fonte. Come attestano, ad esempio, le ricerche svolte su un ampio campione di elettori americani in occasione delle presidenziali del 2016, solo il 5% di coloro che avevano appreso notizie prodotte da siti giornalistici erano in grado di attribuirle correttamente a qualche testata[7].

[6] "Primaonline", 4 gennaio 2017, http://www.primaonline.it/2017/01/04/251938/twitter-assume-redattori-e-video-producer-ma-devono-conoscere-almeno-tre-lingue/.

[7] Mitchell, Holcomb, *State of the News Media*, cit.

Internet, insomma, o i social più noti, sono già diventati editori di fatto, anche se, allo stato, sono prevalentemente piattaforme distributive. "L'ho visto sulla rete" o "l'ho letto su Facebook" hanno sostituito "l'ho visto in tv" o "l'ho sentito alla radio", frasi che per anni sono state utilizzate da chi non era in grado di riferire con precisione quale fosse l'origine effettiva delle informazioni apprese. Si ricordava il mezzo, non la fonte della notizia. Allo stesso modo oggi, nella maggioranza dei casi, è Internet, non il sito della testata né l'autore dell'articolo, ad essere considerato il punto in cui si entra in contatto con le informazioni. Tutte le informazioni: dalla storia all'attualità, dalla medicina agli stili di vita, il repertorio pressoché infinito di fonti annichilisce qualsiasi altro possibile contenitore, perché nella rete c'è tutto, a prescindere, ovviamente, dalla qualità e dalla veridicità di ciò che vi si trova.

Senza la rete lo spazio vitale dei media tradizionali si riduce sempre di più. Il web divora informazioni e contenuti, mentre il campo d'azione del giornalismo veicolato dai giornali, dalle agenzie, persino dalla tv si restringe. Ed è difficile immaginare che strutture giornalistico-editoriali tradizionali ed entità tecnologiche digitali possano semplicemente convergere in una specie di cooperazione sinergica. I rapporti di forza tra i giganti del digitale e i media classici sono ormai alterati per sempre a favore dei primi. Anche perché i social sono ormai in grado di trasformare il traffico di post, tweet e commenti in potenti sottoprodotti informativi, a costo praticamente nullo e con ricavi crescenti (ed esclusivi). Il caso di Twitter è, ancora una volta, paradigmatico.

Dataminr, una tipica società della *new economy*,

basata a New York e non, come la maggior parte delle nuove realtà digitali, sulla West Coast, grazie a un accordo strategico con Twitter è abilitata a "leggere" tutti i tweet in circolazione nel mondo, circa mezzo miliardo al giorno. Attraverso un software super sofisticato, Dataminr aggrega istantaneamente qualsiasi tweet per aree geografiche o per argomento, lo traduce in tempo reale da 65 lingue in inglese, lo visualizza su una varietà di mappe dalle quali si possono ricavare in un secondo tutte le informazioni utili per inquadrare rilevanza e portata di quei tweet.

Ad esempio: qualcuno twitta a proposito di un'esplosione nel centro di Manhattan; pochi momenti dopo se ne aggiungono altri che parlano di feriti e di spari; di lì a poco altri ancora forniscono dettagli sulla situazione. In pochi minuti il quadro è quasi completo: luogo, ora, prime immagini postate, commenti, conferme, testimonianze. E non c'è ancora un giornalista sul posto: i resoconti sono tutti di utenti che raccontano, da cronisti improvvisati, ciò che stanno materialmente vedendo.

Partono le prime *breaking news* in diretta dalle grandi reti tv come Cnn o Fox, ma non ci sono immagini né corrispondenti, solo i tweet che Dataminr fornisce e ai quali i network *all news* americani accedono, a pagamento, in tempo reale. Poi, dopo più di un'ora, arriveranno sul posto ponti radio e reporter, cominceranno le dirette video, la tv e i grandi giornali con i loro siti torneranno ad essere padroni del flusso informativo.

Ma l'intero processo è cominciato senza di loro, senza alcuna mediazione giornalistica, in diretta sui social media. Nel caso di Twitter, grazie a Dataminr, in tempo reale, su una piattaforma che ha l'aspetto di una *newswire* del futuro, perché ingloba, senza nessun intervento redazionale, il flusso spontaneo di notizie che arrivano dal mondo Twitter. Semplicemente organizzandone la lettura, la riconoscibilità, la paternità autoriale, localizzandole nello spazio e nel tempo, fornendo tutti gli elementi per valutarne l'impatto all'interno della stessa comunità di utenti.

All'editore tradizionale, testata su carta e web o tv, non resta che pagare per accedere a contenuti informativi esclusivi, senza i quali sarebbe letteralmente tagliato fuori dal nuovo mondo delle news. Un paradosso, se vogliamo: la rete non riconosce introiti agli editori per i loro contenuti in libera circolazione sul web, ma i gestori delle nuove piattaforme digital si fanno pagare profumatamente dagli editori l'accesso alle notizie generate, gratuitamente, dagli utenti sul web.

Le news sui social: sfide, interrogativi, protagonisti

I nuovi mercati dell'informazione stanno quindi già prendendo forma grazie alla capacità dei canali social e delle *apps* digitali di elaborare un'immane massa di dati, trasformandola in un prodotto fatto e finito, che supera per tempestività e, probabilmente, anche per completezza l'equivalente fornito da agenzie di stampa della potenza e della qualità di Bloomberg o Reuters. Nessuno, tra loro, potrà mai disporre di un esercito di reporter sparso per il mondo e pronto a twittare o postare, senza motivazioni economiche, notizie e materiali utili a informare puntualmente e all'istante a proposito, per dire, di un terremoto che danneggia pesantemente un impianto energetico. Notizia quanto mai preziosa per un *trader* che opera sul mercato delle materie prime, in grado di modificare immediatamente il proprio profilo di rischio, con ampio vantaggio temporale sui propri concorrenti. Allo stesso modo, sarà ben difficile rivaleggiare con i social in fatto di gestione mediatica di crisi, quando milioni di *likes*, di commenti, di condivisioni segnalano l'emergere impetuoso di un'ondata di critiche relativamente al comportamento di una marca, di un esponente politico, di una *celebrity*.

Ormai c'è un'infinità di casi in cui i media vanno semplicemente al traino dei social, limitandosi a segnalare a un pubblico di lettori o spettatori tradizionali che sui social, cioè apparentemente altrove, è in corso un movimento d'opinione a favore o contro qualcosa o qualcuno. Fino a non molto tempo fa ci voleva la cassa di risonanza dei media tradizionali per rendere visibile un fenomeno che si stava sviluppando sui social. Ora sono i social a fare da incubatore prima e da amplificatore poi, dei temi che dominano le conversazioni tra milioni di individui, e che presto o tardi finiranno per colonizzare anche i media classici.

C'è già chi paventa una rischiosa deriva, fatta di piattaforme e *apps* potenti e pervasive ma prive di effettiva responsabilità. Nel mondo online, scrive Heather Brooke, docente di giornalismo alla London City University, non ci sono mezzi robusti per i controlli di qualità sull'informazione e quelli reputazionali. E società come Twitter hanno sostanzialmente abdicato a gestire in modo adeguato i cosiddetti *trolls* e gli *haters*: "L'approccio è del tipo 'non sono affari miei', come accade con altri giganti digitali, che si affidano al credo idealistico secondo cui, alla fine, il buon discorso (*the good speech*) prevarrà”[8].

Si sa, il successo di certi post dipende dal loro carattere provocatorio e oltraggioso. Verificare l’attendibilità di certe notizie è costoso e richiede tempo. Ma non è impossibile farlo, come dimostrano Uber e Airbnb che, in campi completamente diversi da quelli dell’informazione nelle sue varie forme, hanno adottato misure piuttosto efficaci per interdire l’accesso alle violenze verbali e agli intemperanti. Difficile dire se tali misure siano applicabili anche all’ormai sterminato universo dei commenti, dei tweet, dei post. Ma non c’è dubbio che il dibattito sull’argomento è ormai aperto e il fatto che Facebook, il leader del nuovo mondo, abbia deciso di prendere sul serio le critiche alle *fake news* e all’esplosione degli *haters* fa pensare che sarà sempre più in evidenza.

D’altra parte il giornalismo classico, così come lo conosciamo, ha impiegato decenni prima di diventare una scuola di comportamenti deontologicamente solidi, senza riuscire, peraltro, a sradicare mai completamente la mala pianta della manipolazione e delle campagne orchestrate nello scontro tra potenze economiche e politiche (oltreché delle bufale che, a dispetto dei nobili richiami alla supremazia morale del giornalismo, sono un contenuto marginale ma costante anche dei media tradizionali).

Oggi il problema non è ricordare con nostalgia la sperimentata cultura del *fact checking* – l’accurata verifica delle fonti – e della catena di professionalità che

[8] Heather Brooke, *Twitter’s Power Comes with a Heavy Responsibility*, “Financial Times”, 20 novembre 2016.

hanno fatto del giornalismo il più sofisticato sistema di controllo del potere economico e politico. Tutto questo rimarrà, in forme nuove, nella tradizione di un mestiere e nell'esperienza di comunità e nazioni, soprattutto in Occidente, ma all'interno di una struttura incomparabilmente più veloce e più potente che sta assorbendo l'insieme delle capacità di conoscere e spiegare il mondo.

È tempo, secondo un pensatore non prono alle mode digitali come Timothy Garton Ash, che l'alfabetizzazione di Internet, per incoraggiare rapide e efficaci contro-repliche (il *counter-speech*, in grado di opporsi all'estremismo e ai post offensivi e violenti) diventi parte integrante del curriculum di qualsiasi corso di studi: "Grazie allo spettacolare potenziamento delle conoscenze reso possibile da Internet, è più facile di quanto sia mai stato in passato allertare i cittadini per ristabilire i fatti riguardo alla maggior parte delle questioni. La sfida reale per il mestiere e l'attività del giornalismo è portare quei fatti a quelle persone che non sono in grado di tenere alla larga il richiamo emozionale delle narrazioni populistiche"[9].

Secondo Mark Little, già *executive* di Twitter, addirittura questo social sarebbe il migliore meccanismo di *fact checking* che sia mai stato inventato: "Posso immediatamente contattare le fonti che sanno ciò di cui stanno parlando. Twitter ci ha dato il potere di verificare il mondo in tempo reale"[10]. Visione, forse, un po' troppo ottimistica a proposito del potere salvi-

[9] Timothy Garton Ash, *What to Do When the "Truth" is Found to Be Lies*, "Financial Times", 23 dicembre 2016.

[10] Marta Torres (publisher), *Innovation in News Media. World*

fico delle tecnologie, ma che mette in luce alcune tra le prerogative più interessanti dei social: l'accessibilità e la visibilità delle fonti, cioè dei suoi utenti, che sono i nuovi generatori di informazioni.

Al di là delle preoccupazioni, legittime e ben fondate, di chi osserva l'evoluzione dei social quali infrastruttura informativa in grado di rivaleggiare e tra breve, magari, soppiantare i media tradizionali, non si può non constatare come questi nuovi canali siano anche la fucina di un nuovo modo di produrre notizie in totale autonomia e con la possibilità di raggiungere pubblici di grandissime dimensioni. Internet ha già enormemente amplificato la visibilità dei brand dell'informazione tradizionale, senza, però, produrre benefici economici significativi. Anzi, il giornalismo tradizionale e il suo *business model* sono stati di fatto completamente assorbiti dalla nuova tribuna digitale, da cui peraltro non ci si può più ritirare, salvo scomparire agli occhi del pubblico.

Intanto, c'è un'intera umanità, digiuna dei canoni del giornalismo classico, che aspira a parlare sui social e lo fa senza intermediari, spesso con una familiarità con la lingua scritta appena accettabile e, ancor più frequentemente, con una cultura di base a dir poco inadeguata a capire la profondità degli argomenti che si vorrebbero trattare in un post. Però è con questa nuova massa di scrittori per caso, che si esprimono in libertà e non si curano più di tanto degli effetti delle loro esternazioni, che bisogna interloquire.

Report 2016, Innovation Media Consulting in www.wan-ifra.org. Il rapporto è a pagamento.

Una parte rilevante di loro sono alla genuina ricerca di fonti attendibili e di qualità, con le quali discutere, approfondire, condividere commenti e interpretazioni. Se si vuole fare vivere il giornalismo nell'era digitale è necessario accettare questo confronto che non è fatto solo di vaniloquio, chiacchiere senza costrutto o, peggio, reazioni di invidia e di odio.

Ci sono milioni di individui che hanno ridimensionato, o non hanno mai sviluppato, rapporti di consuetudine con l'editoria d'informazione, tv inclusa, soprattutto tra i giovani nativi digitali. Essi cercano di entrare in contatto con il mondo navigando alla ricerca di notizie, informazioni, opinioni. Questo esercito di lettori non tradizionali diffida, per le ragioni già esaminate nel primo capitolo, dell'informazione istituzionale e si affida d'istinto al *news stream* del web, segnato dalla disordinata proliferazione di fonti accompagnate da commenti e discussioni, non necessariamente sempre sensati e razionali ma percepiti come genuini e non mediati.

La ricerca delle notizie, e delle verità che dovrebbero contenere, non sarà più appagata dall'ordinata rappresentazione della realtà così come la dispone in prima pagina un grande giornale borghese, con i fatti più importanti in evidenza e le riflessioni di grandi firme a dare l'impronta di un giorno, e la sua direzione futura. Il mondo si è enormemente frammentato e con esso il modo di raccontarlo, che si avvale di una molteplicità di fonti e di narrazioni, impossibili da riunire nella gerarchia, definitivamente incrinata, dei media tradizionali.

Il declino della lettura, inoltre, riduce il numero di persone disposte a leggere i lunghi articoli dei giornali. Si preferisce accedere alle informazioni leggendo titoli e sommari, affidandosi alle liste dei fatti più significativi (le *reading lists*), consumando brevi video su testimonianze, fatti di cronaca e di costume. Oppure è meglio avvalersi di chi organizza per noi la nostra dieta mediatica, come fa Pocket, una *app* con milioni di utenti che consente di salvare articoli, video e materiali vari per una lettura successiva offline. Pocket gestisce più di un miliardo di articoli e video professionali archiviati, a loro volta passibili di transitare, su decisione dell'utente, sulle piattaforme social.

Sono queste modalità di consumo delle notizie che hanno fatto la fortuna di siti come The Huffington Post e BuzzFeed, che ormai vantano più di dieci anni di attività, o Drudge Report, sito di informazione politica della destra statunitense attivo da oltre vent'anni, conosciuti per i loro sintetici e puntuti resoconti di materiali informativi nati altrove e riproposti in nuove forme e con straordinario successo sul mercato dell'informazione, popolare e no. Da noi è famoso Dagospia, portale anch'esso di lungo corso, consultato abitualmente da giornalisti, politici, manager.

Nati come aggregatori, questi siti di news o di gossip sono diventati tra i più compulsati nella rete, con collaboratori professionali sparsi ovunque e un flusso imponente di notizie generate dagli utenti, che ne fanno i veri concorrenti delle piattaforme social. Gli unici, ad oggi, in grado di confrontarsi su questo piano con social come Facebook o Twitter, o capaci di superare, come ha fatto l'Huffington, ormai nel 2013, il traffico di lettori del più venduto quotidiano americano, il leggendario "New York Times"[11]. O come BuzzFeed, che nel 2014 ha attirato oltre 150 milioni di utenti unici al mese, diventando in assoluto uno dei siti a crescita più veloce del mondo.

Fenomeni di rilevo, imitati ovunque nel mondo occidentale, che non hanno minimamente attutito la spinta alla nascita di una quantità, in continua crescita, di esperimenti giornalistici promossi dalle più diverse entità, organizzate o individuali.

Ai livelli più alti, ci sono professionisti che lasciano le solide redazioni di grandi giornali per fondare nuove testate online. Alcuni con successo, come accadde ai fondatori di Politico, giornalisti senior provenienti dallo staff redazionale del "Washington Post" che nel 2007, ben prima dell'era Bezos, lasciarono la nota testata d'attualità e politica per fondare un sito tutto digitale. Un esperimento ormai consolidato che però, se guardiamo i numeri, non sembra ancora in grado di competere con le dimensioni del giornale di provenienza. È stato però in grado di attrarre un investitore della portata e della competenza di Axel Springer, il colosso tedesco dell'editoria e il più grande a livello continentale, che di Politico ha acquisito il 49%. Un nuovo editore *web based*, sottolinea con una punta d'ironia Michael Wolff, con ricavi di 60 milioni di dollari a confronto con il miliardo di fatturato del vecchio "Post"[12] da cui di fatto proviene. "Post" che, nel frattempo, grazie all'aggressiva spinta social e digi-

[11] Mark McKinnon (a cura di), *Social Media. Facebook, Twitter, and The Modern Revolution*, Lightning Guides, Berkeley, 2015.

[12] Michael Wolff, *Television is the New Television*, cit.

tal di Bezos, conosce una vera e propria rinascita, con ricavi in crescita, aumento esponenziale degli utenti unici (+16 milioni), degli abbonati (+75%), dei profitti da abbonamenti digitali.

C'è, poi, un numero non definito di testate online, di blog e blogger, di giornalisti in pensione o in cerca di un futuro professionale, di aspiranti editori digitali, che distribuiscono – sulle piattaforme social o direttamente sulla rete con propri siti – una quantità davvero ragguardevole di informazioni e commenti. È arduo darne conto. La maggior parte, va detto, sconta le stesse difficoltà, su una scala più ridotta, del giornalismo tradizionale alle prese con l'economia dell'informazione digitale: molti potenziali contatti, pochi ricavi, dipendenza da una pubblicità intermittente e in fuga verso i social.

Siamo di fronte alla proliferazione di nuove forme di giornalismo, le nuove gazzette digitali che, come quelle di qualche secolo fa, devono inventarsi una propria identità, trovare e fidelizzare il proprio pubblico, reperire ricavi sostenibili. Ci vorrà tempo e l'inevitabile intervento della selezione naturale, ma non c'è dubbio che i nuovi format dell'informazione digitale manifestano una sorprendente vitalità.

Come comunico, come informo: imprese e giornalismo nella (disordinata) era dei social

L'utilizzo dei social come media a tutti gli effetti presenta non pochi problemi. Mentre la comunicazione attraverso l'editoria tradizionale (carta stampata, radio, tv) si avvale di canoni sperimentati in secoli o almeno decenni di storia, di relazioni codificate, di una struttura professionale visibile e conosciuta, l'accesso ai social è spesso l'inizio di un'esperienza inedita, dai risultati difficili da misurare (con le metriche del passato) e dai rischi qualche volta imponderabili. Questa condizione agisce ancora oggi da freno all'utilizzo esteso dei social, freno tanto più forte quanto minore è, come in Italia, la diffusione e l'utilizzo di piattaforme digitali per l'accesso a contenuti informativi.

In altri contesti, come si è visto, grazie alla penetrazione molto più estesa e radicata dell'economia digitale nel suo complesso (segnatamente, negli Usa e nei paesi del Nord Europa), buona parte del flusso informativo transita già da lì, e questa spinta costringe la produzione di news a cercare nuovi spazi in quel mondo, molto rapidamente.

In Occidente si registra una notevole distanza tra paesi avanzati, con presenza attiva di una parte maggioritaria della popolazione sulle piattaforme digitali, e paesi meno connessi e meno digital, in particolare quelli di lingua e cultura latina, con la Francia che sta a metà strada ma è decisamente più vicina al Nord che al Sud Europa. Il fenomeno si correla in modo visibile, per la seconda fascia di paesi, con il livello delle competenze matematiche e linguistiche che, a loro volta, separano i due mondi in maniera netta. Livello di competenze che, sulla base dei risultati di un'indagine internazionale effettuata periodicamente nei paesi dell'area Oecd, denominata Piaac[13] (Program-

[13] Oecd, *Skills Matter: Further Results from the Survey of Adult Skills*, Oecd Publishing, Paris, 2016: http://dx.doi.org/10.1787/9789264258051-en. L'Italia dista 18 punti dalla media Oecd in fatto di competenze linguistiche, dietro a Grecia e Spagna, e 16

me for International Assessment of Adult Competencies), colloca l'Italia negli ultimi posti in classifica tra i paesi oggetto della rilevazione, in compagnia di Spagna e Grecia, e ben al di sotto della media.

Questo deficit di saperi e conoscenze condiziona l'accesso alle nuove tecnologie e la loro modalità di utilizzo, riproducendo in una certa misura l'handicap di certe forme di analfabetismo di ritorno o di mancanza di basi culturali che ostacolano in vari settori la competitività del paese nel suo complesso.

È, senza dubbio, uno dei fattori che riducono il bacino di utenti digitali evoluti e lo rendono anche meno segmentato, in particolare verso la parte più anziana della popolazione che, come sottolineato nel primo capitolo, registra ancora la maggiore familiarità nei confronti dell'editoria a stampa e, per motivi socio-culturali opposti, delle tv generaliste. Andare sui social, in Italia, significa raggiungere una quota ancora minoritaria di popolazione, mentre in altri contesti, come si è detto, c'è già la gran parte delle persone, con tendenza pronunciata a crescere nelle fasce anagrafiche di età più elevata.

Comunque, utilizzare i social richiede un cambiamento radicale di approccio, di stili, di culture. In primo luogo, non ci si rivolge a una struttura editoriale, come lo staff redazionale di un giornale o di una tv, ma a una piattaforma che colloquia istantaneamente e direttamente con migliaia, milioni di persone. L'azienda, o l'individuo, che posta un'informazione sul web in

punti in quelle matematiche, ancora dietro alla Grecia e davanti, di un punto, alla Spagna.

uno dei diversi social diventa *publisher* di se stesso nel momento in cui lo fa, senza l'antica mediazione dell'editore che trasformava l'input iniziale in un prodotto suo, di cui era titolare e pienamente responsabile.

Nel mondo da cui proveniamo, le reazioni e i commenti a una notizia apparsa su un'agenzia, su un giornale o in tv restavano sostanzialmente all'interno dello stesso sistema, con riprese, rilanci, ulteriori approfondimenti basati su di uno schema abbastanza prevedibile nel tempo. Sui social l'impatto è immediato e senza barriere. Non c'è un giornalista dall'altra parte, a selezionare e soppesare il valore di una notizia; c'è una massa di utenti attivi, pronti a commentarla, a distribuirla, a condividerla. Il tutto in pochissimo tempo e con conseguenze spesso inattese.

Qualcuno ha paragonato questa nuova e multiforme piazza digitale alle assemblee dell'antica Atene sulla Pnice, la collina, posta sotto l'Acropoli, dove si riunivano i cittadini (maschi) con diritti politici per deliberare su quasi tutte le questioni di rilievo nella vita della polis[14]. Una Pnice all'ennesima potenza, visto che a quei tempi si raccoglievano su quella collina circa cinque-seimila persone per volta, l'élite democratica (o l'oligarchia, se si preferisce) di una città-Stato da circa 100mila abitanti, mentre oggi i social hanno centinaia di milioni di utenti per volta.

Però l'analogia ha qualche fondamento. Come in un social moderno, l'*ekklesìa* greca era un luogo aperto e relativamente libero dove, a date condizio-

[14] Timothy Garton Ash, *Free Speech. Ten Principles for a Connected World*, cit.

ni, chiunque, tra gli aventi diritto, poteva prendere la parola. Certo, l'ordine del giorno era rigidamente predefinito e i maggiorenti politici, i leader dei partiti e i capi delle tribù avevano sempre diritto di parola. Bisognava anche tenere debito conto dei regolamenti assembleari e del rischio di incorrere in sanzioni, anche pesanti, in caso di infrazioni gravi o di interferenze nel processo decisionale. Ma l'accesso al dibattito corrente era garantito, chiunque poteva, secondo procedure stabilite, presentare mozioni o denunciare malefatte, chiedere conto dell'operato di uno stratego o dell'economo. Insomma, era lecito intervenire, senza mediazioni partitiche, nel dibattito politico. Le fazioni c'erano, ma per lo più agivano nell'ombra. Né mancavano i sicofanti, sempre in azione per inquinare il dibattito politico, sorta di *haters* (prezzolati) e generatori ante litteram di *fake news*.

Come sappiamo, la non breve stagione della democrazia greca, sacrificata alle ambizioni imperiali di Filippo e di suo figlio Alessandro il Grande, si è poi inabissata nel lungo sonno oligarchico del cesarismo e poi nella devastante, interminabile crisi dell'impero romano. Ma non poco devono avere contribuito al collasso della democrazia ateniese "i millantatori e i simulatori che hanno condotto al declino il discorso pubblico" nella polis[15]. Quando è riapparsa, circa duemila e trecento anni dopo, la democrazia antica si era trasformata nei sistemi parlamentari delle monarchie costituzionali del XIX secolo, sempre in ten-

[15] Mark Thompson, *Enough Said: What's Gone Wrong with the Language of Politics*, The Bodley Head, London, 2016.

sione tra rappresentanza e governabilità, al centro di un inesausto dibattito ancora aperto.

In un certo senso, il futuro delle informazioni sta a cavallo di due mondi: tradizione, reinterpretata in chiave digitale, e nuova Pnice dei social. Le news, infatti, da un parte, possono ancora utilizzare i veicoli, digitalizzati, del giornalismo tradizionale e, oggi, la loro crescente visibilità sui social. Dall'altra, possono essere generate e distribuite accedendo direttamente alla vastissima platea social.

Nel primo caso, si tratta di valutare la portata del mezzo, che varia considerevolmente a seconda dei paesi, della lingua, del contesto. Una notizia di mercato rilanciata dalla piattaforma del "Financial Times" ha un impatto nella comunità finanziaria istantaneo e assoluto, grazie al seguito della testata e alla qualità della sua *app*, una delle più seguite al mondo. Qui l'interlocutore è un giornale tradizionale, che ha sposato interamente il dinamismo digitale, trasformandosi in uno dei più potenti ed efficaci media contemporanei e allargando enormemente, attraverso la presenza sulla rete in tutte le forme disponibili, la sua presa sull'opinione pubblica internazionale. La sua dimensione di nicchia – l'informazione finanziaria – non riduce ma anzi amplifica la portata globale delle sue notizie.

La stessa operazione in ambiti geografici diversi avrebbe conseguenze meno visibili. In Italia, ad esempio, l'assenza di fatto di piattaforme di questo tipo nell'informazione quotidiana, anche specializzata, rende meno efficaci soluzioni di questa natura. La lingua, poi, è un ostacolo alla visibilità al di fuori dei confini nazionali difficile da superare.

Le *apps* editoriali proprietarie, quando esistono, soprattutto nel mondo angloamericano, non fanno alcuna differenza tra digitale e non digitale. Nei tempi e nei contenuti vale il concetto di esclusiva e di velocità, mentre da noi e in altre economie meno digitali c'è tuttora la competizione tra siti vecchio stile (e dalla struttura estremamente complicata) e giornale vero e proprio, in edizione cartacea o copia replica.

Se invece si guarda ai social dove, come si è detto, le differenze tra paesi sono rilevanti, c'è la possibilità per chi fa impresa di giocare un ruolo da protagonista, con le (molte) avvertenze del caso. In questo caso, ogni piattaforma fa storia a sé. Prendiamo Twitter, per esempio, che non ha la presa popolare dei grandi social come Facebook, ma si presta ad essere il luogo ideale come network per le informazioni di fonte aziendale. In un tweet, magari con qualche link, si richiama l'attenzione di un variegato pubblico, composto da molti giornalisti e utilizzato incessantemente da agenzie di stampa e testate. Un semplice gesto che mette a disposizione di una platea di professionisti e comunicatori un dato o una storia aziendale di qualche interesse, un commento o un'analisi, nel pieno della distribuzione di informazioni sulle ultime perfomance economiche della società in questione. Mentre Twitter in altre realtà è utilizzato in modo trasversale con modalità non diverse, nella sostanza, da Facebook, in Italia è diventato una specie di club per addetti ai lavori, soprattutto nei media e nella politica (tant'è che, a causa della limitata penetrazione sul mercato, ha chiuso la sua sede italiana). Però funziona piuttosto bene come strumento di visibilità immediata di notizie di tipo *corporate*. Lo stesso può avvenire, in contemporanea, su Facebook o su Linkedin, dove si può postare un'informazione aziendale e condividerla con gli amici, che spesso sono le persone di una comune cerchia e che a loro volta possono commentarla e condividerla con altri. Si potrebbe proseguire con altri esempi, con altri social come Instagram, sempre più utilizzato, ma è chiaro che il meccanismo distributivo è più o meno lo stesso. Sono gli effetti a cambiare, radicalmente.

E poi c'è il seguito, cioè: quante volte quel post è stato letto, cliccato, condiviso. Quante approvazioni – "mi piace" o altre *Facebook reactions*, ad esempio – o disapprovazioni. Quanti commenti ha generato, di che tipo e tono, che sviluppo in termini di tweet. Insomma, quantità (cioè visibilità) e qualità dell'impatto, durata nel tempo delle cosiddette conversazioni social, effetti reputazionali, altre conseguenze in relazione all'efficacia della comunicazione (nuovi fan, follower, amici ecc.). Queste reazioni, queste sollecitazioni non sono paragonabili ai commenti, meditati, di un tempo. Non c'è la posta del direttore a dar conto delle richieste, delle proteste, degli interrogativi di un disciplinato pubblico di lettori. C'è il flusso potente e incontrollato di milioni di individui, con le loro reti personali di relazioni via web, che intervengono, stigmatizzano, approvano, stravolgono, approfondiscono l'impulso immesso in rete. E lo fanno con tutto il loro carico emozionale, "come un sistema integrato di pulsioni, desideri, e spesso anche di frustrazioni, che circolano alla velocità della luce, senza alcun tipo di pudore"[16].

[16] Derrick de Kerckhove, *Condivisione on line o off line*, in Giulia Cogoli (a cura di), *Un mondo condiviso*, Laterza, Roma-Bari, 2016.

C'è, nei social, tutta una società in movimento, con "numerosi eventi cognitivi ed emotivi che circolano da persona a persona, motivando alla condivisione di esperienze e anche all'azione politica"[17]. Per questo l'informazione sui social è così complessa e delicata, richiede una strategia chiara, nuovi linguaggi, nuove modalità di ingaggio e coinvolgimento, un monitoraggio permanente delle conversazioni. Non dà luogo a raccolte stampa da condividere con i propri abituali *clientes*, secondo schemi di giudizio sperimentati e relativamente stabili.

C'è un mondo lì fuori che in un istante può scaricare la propria negatività e catalizzare l'attenzione di una molteplicità di persone dando sfogo a una critica, magari sensata, o a un pregiudizio poco argomentato. Ci vuole la pazienza di replicare, spiegare, ribadire. Non basta, come accadrebbe su una grande testata tradizionale, una smentita o una precisazione per rimediare, quando possibile, all'interpretazione sbagliata o al commento sgradito.

Nei social bisogna disporsi a discutere, senza infingimenti, con tutti. Non ci sono le grandi firme del giornalismo, ci sono le persone con le loro vite, le loro aspettative, la loro conoscenza, lo loro cultura, le loro preferenze. Spesso dominate dalle mode e dai rituali della rete, ma alla ricerca di dati, certezze, orientamenti. Andare sui social significa, in un certo modo, andare in mezzo alla gente, senza particolari protezioni, con la propria identità, i propri valori. Si può decidere di non farlo, ovviamente, rimanendo

[17] *Ibidem*.

fuori, però, dal luogo nel quale le notizie troveranno sempre più pubblico, sempre più ascolto. Il nuovo circo mediatico del futuro.

Mercati digitali: la nuova arena della comunicazione

Mentre comincia a prendere forma un nuovo ecosistema mediatico con al centro i social e le piattaforme digitali più evolute, e mentre i nuovi canali risucchiano quote sempre più grandi di *advertising* dal mondo editoriale tradizionale, con una rapidità che costringe i *publishers* di mezzo mondo a rivedere continuamente il proprio punto d'equilibrio, nell'universo digital è in corso una serrata competizione sullo shopping online e sulla comunicazione che lo promuove.

Instagram, ad esempio, il social più trendy che fa capo a Facebook, sta potenziando il suo ruolo nell'e-commerce, consentendo ai venditori di esporre nei post i prezzi delle loro offerte e incoraggiando i propri utenti a effettuare gli acquisti direttamente sulla piattaforma. Lo scorso anno aveva introdotto un apposito bottone *shop now*, che reindirizzava i suoi utenti sui siti dei venditori. Esperienze d'acquisto debitamente stimolate da pubblicità e comunicazione di marca.

Altri social media, come YouTube e Pinterest, stanno ugualmente orientando gli investimenti di marchi e prodotti verso le loro piattaforme, finalizzando la comunicazione direttamente all'atto d'acquisto. Facebook si muove con identica decisione nel tentativo, palese, di acquisire quote del mercato e-commerce largamente dominato da Amazon.

Insomma, tutto il mondo online, ormai stabilmente presidiato da piattaforme e *apps* sempre più sofisticate, si sta trasformando in un immenso supermercato nel quale la comunicazione occupa un posto centrale. E questo perché, a dispetto di certa facile mitologia sui social e sulla naturale potenza dei messaggi e delle immagini, non c'è marchio che non abbia sperimentato la necessità di sostenere il cosiddetto *storytelling* con un'adeguata dotazione finanziaria, per garantirgli la desiderata visibilità. Senza la comunicazione *paid*, insomma, la cerchia di coloro che entrano in contatto con l'annuncio, qualunque veste abbia, cresce a fatica, mentre la spinta, almeno iniziale, della pianificazione a pagamento porta subito in alto i contatti. Naturalmente, il resto è fatto dalla qualità creativa della storia, dalla capacità di essere coerente con la cultura social e con i valori immateriali della marca.

Questa è una tendenza chiave nell'economia digitale, che influirà sempre di più sulla dinamica degli investimenti pubblicitari. Ma è solo uno dei diversi nuovi profili che la comunicazione sta assumendo. Una seconda direzione, anche più importante, punta direttamente sulla straordinaria capacità dei giganti di Internet e delle più innovative tra le piattaforme e *apps* di proporsi come le alternative flessibili e potenti sia in campo creativo, sia in fatto di gestione degli investimenti pubblicitari.

I *new-media publishers* si propongono come gli ideatori, a prezzi estremamente vantaggiosi o addirittura gratis, delle campagne dei loro clienti, con lo scopo di spingerli a investire sempre di più sui loro siti, sulle loro piattaforme. "Stanno diventando agenzie di pubblicità. Per vendere il prodotto, regalano il complemento. Per le agenzie tradizionali è una lezione che suonerà familiare: quando il tuo *core business* diventa il complemento di qualcun altro, è ora di darsi la sveglia"[18]. Google, per esempio, che punta a consolidare la leadership di YouTube nel mercato dei video, sta realizzando studi creativi di livello professionale nelle grandi capitali della comunicazione come Los Angeles, New York, Londra, Singapore.

Una seria minaccia al futuro delle agenzie tradizionali. I cui costi, peraltro, storicamente collegati alle dimensioni globali della pianificazione sui media, con percentuali tra le più elevate nel mondo della consulenza e dei servizi, oggi devono fare i conti non solo con i budget contratti dalla crisi e con una sostanziale stagnazione dei consumi che disincentiva dal promuovere campagne, ma anche con la concorrenza ipercompetitiva dei social e delle piattaforme digital. Per non parlare degli effetti, ancora più profondi e pervasivi, della crisi dei modelli narrativi e creativi richiesti dall'enorme e frammentata platea di contatti sul web, sempre più refrattaria, come si è già detto nel capitolo secondo, agli annunci commerciali o agli spot tradizionali. D'altra parte, "se guardi ai clienti solo come occhi ai quali inviare messaggi, alla pubblicità come un business da preservare ad ogni costo, all'*advertising* digitale come la 'prossima' grande cosa, allora sarai rimasto intrappolato, esattamente come è accaduto all'industria della musica, dei quotidiani, dei libri"[19].

Il problema della comunicazione commerciale, in

[18] Bharat Anand, *The Content Trap. A Strategist's Guide to Digital Change*, Random House, New York, 2016.
[19] *Ibidem*.

un mondo di consumatori evoluti, allenati da più di mezzo secolo di *advertising* e promozioni a selezionare all'istante stimoli e sollecitazioni, non è quello di bombardare il mercato con messaggi non richiesti, "ma invitare i consumatori a essere parte di qualcosa che fanno". Riguarda, insomma, "la condivisione, le reti, le comunità"[20].

I social media permettono oggi di concepire intorno al messaggio e al prodotto di una data marca una sorta di "effetto rete", capace di trasformare gli utenti stessi nei promotori della tua offerta. Chi riuscirà, insomma, a creare nel web, grazie ai social, una comunità distintiva e coerente con l'immagine e i valori dei propri prodotti, non dovrà cercarsi altrove i clienti. Scenari, questi, già visibili nelle economie a forte grado di digitalizzazione, dove la gran parte dei consumatori è attiva sui social, compra sulle piattaforme, interagisce con i marchi online, e dove le imprese sono, a loro volta, commercialmente equipaggiate con cultura e strumenti digitali, visibili e proattive sulla rete, capaci di confrontarsi consapevolmente con la competizione sul web. E magari in sistemi distributivi dove logistica, trasporti, comunicazioni sono all'altezza della rapidità richiesta dai mercati dello shopping online.

Si tratta di realtà ancora molto distanti dal modello italiano, dominato da una cultura commerciale pre-digitale sia tra la maggioranza dei consumatori, sia tra le imprese, una parte molto grande delle quali non dispone neppure di un sito vetrina, non

[20] *Ibidem*.

utilizza piattaforme per l'e-commerce, non dispone di un proprio profilo sui social. Gli sforzi, ammirevoli, degli ultimi governi di promuovere l'ingresso dell'economia del nostro paese nel nuovo paradigma della *digital economy* (il Digital Champion, l'Agenda Digitale, l'Industria 4.0 ecc.) si scontrano con abitudini quasi arcaiche nel consumo caratterizzate dalla refrattarietà all'uso della moneta elettronica (bancomat, carte di credito ecc.) e dalla diffidenza, per paura e incultura, verso il mondo online. Lo stato della pubblica amministrazione, tra le più arretrate del mondo occidentale in termini di digitalizzazione ed efficienza, non aiuta il resto del paese a superare questo ritardo, che è grave sotto diversi punti di vista.

In primo luogo, taglia fuori una quota molto significativa di imprese e consumatori dai mercati online e digitali, penalizzando un'economia come la nostra, fatta di eccellenze produttive di piccole e piccolissime dimensioni, che potrebbero accedere a mercati molto più grandi se dotate di competenze tecnologiche più avanzate. In secondo luogo, impedisce alla comunicazione di trasformarsi in un nuova leva competitiva in un mondo fatto di reti e di comunità, di social e di piattaforme per le quali la dimensione d'impresa non è, in sé, un fattore decisivo. Infine, penalizza globalmente l'Italia sia come mercato sia come laboratorio di innovazioni creative anche nella comunicazione.

Bisognerà rompere, presto o tardi, questo muro che separa il nostro paese dalle dinamiche più importanti dell'economia globale. Non basteranno i nostri ritardi a difendere il nostro mercato dall'assalto della *digital economy*, nonostante gli emergenti ostacoli politici alla globalizzazione nati con i populismi e la crisi trasversale del ceto medio.

In questo processo di modernizzazione, necessario per rendere la nostra economia più competitiva, i media giocheranno un ruolo decisivo. La crisi del giornalismo e dell'editoria tradizionali deve fare i conti anche con le lentezze di un sistema come il nostro, che è afflitto, da sempre, da una paura per l'innovazione – nella politica, nell'industria, nella cultura e nell'informazione – che oggi fa da freno allo sviluppo di nuove modalità produttive in grado di liberare nuove energie imprenditoriali e professionali. La sfida dei media, in Italia, è quella di trasformarsi per sopravvivere all'onda digitale e prosperare in un nuovo mondo centrato sulla rete. Anche per aiutare il nostro paese, e i nostri mercati, a cambiare per crescere.

Conclusioni

IL FUTURO DEI MEDIA E LA NARRAZIONE DEL MONDO

L'editoria dei media è a rischio di estinzione. Molti editori scompariranno, a meno che non raggiungano accordi con i gruppi tecnologici dominanti. Bisogna cambiare il contesto legale per difendere il copyright dei contenuti, ma ci dev'essere una diversa attitudine da parte dei grandi *players* della Silicon Valley. Senza di ciò le conseguenze per gli editori e la società potrebbero essere devastanti. Ci sarà una totale mescolanza di *rumors* e di fatti, uno scenario in cui sarà impossibile distinguere l'informazione dalla propaganda. Sarà traumatico per la democrazia[1].

Questo, in sintesi, il pensiero, a dir poco allarmato, non di qualche intellettuale alla Latouche, in lotta con la modernità, ma del manager del più importante gruppo editoriale europeo: Mathias Döpfner, amministratore delegato della società tedesca Axel Springer. Azienda, peraltro, attiva sul fronte digitale, con investimenti significativi negli Usa dove ha comprato Business Insider, un sito di informazioni finanziarie, il canale di news online N24, la società di *analytics*

[1] *Axel Springer Chief Warns Traditional Media Risk Extinction*, "Financial Times", 27 settembre 2016.

eMarketer e, come ricordato nelle pagine precedenti, il 49% di Politico.

Döpfner, però, parla a ragion veduta. Non solo perché osserva da vicino la deriva dei ricavi dell'editoria e le difficoltà, da *publisher* tradizionale, a gestire prodotti media su piattaforme digitali. Ma perché ha sperimentato, sulla sua pelle, la potenza degli *over-the-top* quando qualcuno si mette di traverso sulla loro strada. Come è accaduto nel 2015, quando il governo tedesco ha introdotto una legge per forzare Google a riconoscere una *fee* per elencare, nelle ricerche, i contenuti editoriali tedeschi. La risposta di Google è stata togliere dal *search* tutti i titoli che richiedevano *fee*, provocando una caduta dell'85% del traffico per le testate online del gruppo Springer.

Pare che i rapporti tra Springer e Google, nei mesi successivi, siano migliorati, così come sono diventate più costruttive le conversazioni con Facebook, Snapchat (da poco nuovo protagonista della Borsa di New York) e altri social. Ma migliori relazioni, sempre importanti, non cambiano la prospettiva per l'editoria tradizionale, che resta molto incerta. Un grande punto di domanda domina il futuro di chi produce e distribuisce giornali e contenuti editoriali, mentre nuovi rischi si profilano per i broadcaster televisivi tradizionali vincolati all'utilizzo di strutture produttive e distributive molto costose e fin qui incapaci di contrastare la riduzione e la frammentazione delle audience.

Lo scenario, in tempi non lunghi, è per molti editori quello della sostenibilità economica. La contrazione dei lettori non compensata, in particolare in contesti come quello italiano, dalla crescita nel digitale, unita alla continua discesa dei ricavi pubblicitari, rende piuttosto fosco il futuro a medio termine. Certo, c'è ancora spazio per interventi tesi a migliorare l'efficienza delle macchine produttive di molte aziende, anche se questo comporterà soprattutto riduzione di mano d'opera. Ma non c'è molto tempo, invece, per indirizzare il business verso il suo naturale sbocco, rappresentato dalla proiezione sulle piattaforme digitali e soprattutto sui social media.

Su questo bisogna essere chiari. Senza la scelta strategica di svilupparsi nell'universo della rete, non c'è futuro per l'editoria tradizionale. In tempi non lunghi non ci saranno neppure le strutture distributive, intese come edicole e punti vendita della stampa quotidiana e periodica, perché non avranno ricavi adeguati. Molte hanno già chiuso, diverse aree del paese sono già oggi prive di copertura. L'occupazione di canali alternativi (ferrovie, linee aeree, supermercati ecc.) ha già raggiunto la sua massima estensione, senza di fatto invertire la tendenza alla contrazione dei lettori.

Qualcosa del genere è accaduto all'editoria libraria, la cui filiera era da tempo troppo frammentata e inefficiente e si è ridimensionata, e in parte concentrata, a prescindere dalla pressione delle nuove tecnologie che, in questo caso, almeno se guardiamo agli ebook, segnalano una stagnazione anche in paesi come gli Stati Uniti.

Il pubblico giovane non è in alcun modo sensibile al richiamo dei contenuti informativi tradizionali finché rimangono impacchettati in prodotti con i quali non hanno alcuna consuetudine, con format completamente superati dalle nuove abitudini di lettura.

Bisogna prenderne atto e studiare nuove strategie. Come quelle, ancora una volta le uniche a sembrare praticabili, adottate nel mondo angloamericano.

Il "New York Times", ad esempio, non sembra avere intenzione di abdicare al proprio ruolo guida nel formare la pubblica opinione, nonostante la crescente supremazia dei social e le sonore sconfitte giornalistiche subite per effetto della vittoria di Trump su Hillary Clinton. All'inizio dell'anno, ancora nel pieno dello shock provocato dai risultati elettorali, ha lanciato una vasta riorganizzazione del lavoro redazionale, definendo una nuova strategia informativa e un insieme di azioni finalizzate a risparmi e a nuovi investimenti. L'assunto, descritto in un documento dall'ambizioso titolo *Journalism that Stands Apart* (che potremmo tradurre con "Per un giornalismo distintivo"[2]), è che la testata sia un business basato in primo luogo sugli abbonamenti, per cui non ha senso massimizzare i click per poi vendere pubblicità con bassi margini: "Non vogliamo vincere la corsa agli armamenti fatta di pagine viste. Il nostro focus sugli abbonati deriva dalla sfida che abbiamo di fronte: la debolezza dell'*advertising* destinato alla carta stampata e alle forme tradizionali di *advertising* digitale". Una presa di posizione molto lucida, che rovescia le convinzioni che la stessa testata manifestava fino a pochi anni fa e che dovrebbe far riflettere il mondo editoriale italiano.

Al più letto tra i giornali americani, che ha pianificato, per il suo nuovo posizionamento, una poderosa campagna istituzionale centrata sulla parola "verità",

[2] http://www.nytimes.com/projects/2020-report/.

verranno tagliati diversi posti di lavoro, ma saranno anche assunti nuovi profili giornalistici da formare per creare il giusto mix di competenze nelle redazioni, sviluppando più interazioni con e tra i lettori, incorporando molti più elementi visuali negli articoli e nelle corrispondenze. Allo stesso tempo, e questo dice molto della determinazione di un gruppo editoriale consapevole della propria identità, saranno investiti 5 milioni di dollari aggiuntivi per finanziare inchieste dedicate interamente alla presidenza Trump: "Anche in momenti di difficoltà economiche, sentiamo di avere un impegno di fronte a questa vicenda. Non riguarda solo la nostra missione, è vitale per il nostro business". Una decisione quanto mai avveduta se guardiamo alle conseguenze, notevolissime, che la vittoria di Trump ha avuto sulle vendite dei giornali dell'establishment. Il "New York Times", da solo, ha guadagnato 267 mila nuovi abbonati nell'ultimo trimestre del 2016 e ha raggiunto la ragguardevole cifra di 1,6 milioni di abbonati digitali. Il "Wall Street Journal", nello stesso arco di tempo, ha aumentato la sua base di lettori digitali di 110 mila unità.

D'altra parte, la stagnazione degli investimenti pubblicitari sulle testate online non ha a che vedere soltanto con i grandi nomi dell'editoria ma con l'intero settore delle news sulla rete, incluse quelle gestite sulla base di schemi innovativi e di rottura, come accade agli aggregatori tipo BuzzFeed, che faticano a rispettare i target di ricavi, nonostante il grande numero di utenti unici che raggiungono. Molte altre *apps* e media digitali pensati per raccogliere investimenti pubblicitari devono fare i conti con una fase nuova, contraddistinta dalla crisi del modello basato sulla raccolta attratta dalla visibilità online (cosiddetta *Ad driven*).

Un cambiamento non da poco. Fino a qualche tempo fa si pensava che il traffico raccolto dai media su Internet, con spazi senza limiti da offrire agli inserzionisti e una platea sterminata di navigatori, avrebbe generato una crescita continua degli introiti da *advertising*: un assioma indiscusso che aveva spinto i quotidiani alla pubblicazione online gratuita dei propri contenuti. Ma col passare del tempo si è visto che i prezzi di quella nuova e promettente offerta pubblicitaria tendevano ad abbassarsi sempre di più e che gli investitori erano refrattari a comprare spazi (tipicamente pop up e banner) a prezzi premium, che riconoscevano solo a mezzi potenti come le tv.

Oggi la crisi di quel modello è conclamata, per le ragioni descritte nel secondo capitolo di questo libro. Molte testate online stanno cercando di reagire a questa ennesima discontinuità in modi diversi, a volte confusamente. "New York Times" a parte, c'è chi, come il britannico "The Sun", che ha concluso senza successo la sua esperienza *pay wall* (paghi per leggere singoli articoli con piccole somme), ha deciso di provare con la vendita di servizi commerciali, come le scommesse sportive. Da noi la leggendaria "Gazzetta dello Sport" è alle prese con iniziative dello stesso tipo, dopo aver separato il marchio dalla testata vera e propria. "The Guardian", spesso citato come emblema del giornalismo vecchio stile che resiste alla pressione del mondo digitale e continua a offrire gratuitamente i suoi contenuti sulla rete, ha invece intrapreso la strada dei contributi volontari, attraverso una specie di *membership* a pagamento, che fa appello al senso di responsabilità dei suoi lettori. Insomma, i modelli imposti dall'evoluzione della rete sono mutevoli e non sembrano offrire all'editoria tradizionale facili soluzioni.

Anche il sistema televisivo si trova, per ciò che attiene alle audience e ai ricavi pubblicitari, di fronte a cambiamenti molto rilevanti. Da un lato, la ricerca di nuovi contenuti per trattenere telespettatori sopratutto nelle fasce giovanili e alto consumanti; dall'altro, la necessità di riportare la forza del mezzo al centro degli interessi degli inserzionisti. Sfide titaniche, che comportano un ripensamento delle strategie e delle strutture produttive. Se escludiamo i network pubblici, protetti (ma fino a quando?) dai canoni e dalla loro, seppur declinante, centralità politica, tutti gli altri devono fare i conti con costi non sempre coerenti con l'andamento dei ricavi. Vengono riviste le dimensioni occupazionali, la composizione delle redazioni, la qualità della programmazione. Si trasferiscono le sedi, per fare sinergie e semplificare l'organizzazione; si cercano competenze creative in grado di costruire una nuova filiera con i prodotti di fiction e di intrattenimento; ci si integra, sia orizzontalmente, tra colossi media, sia verticalmente, con i grandi operatori della telefonia, là dove è consentito dalle norme e dagli equilibri politico-finanziari.

Le tv dovranno, a loro volta, ripensare la propria visibilità sulle piattaforme digitali e, soprattutto, sui social media. Alcune ci provano, come fa Mediaset, con una nuova concezione del prodotto e della sua "coda lunga", immaginato fin dalla sua ideazione come parte di una catena di sottoprodotti destinati ai social media. Nelle intenzioni, una formula in grado di alimentare il contatto con target già digitalizzati e di colpire la vasta platea della *total audience*, quella cioè che si raggiunge attraverso l'utilizzo di tutti i dispositivi video nelle mani dei consumatori. Progetti che devono, però, ancora superare la prova dei ricavi.

Persino la misurazione delle audience è destinata a cambiare il modo stesso di concepire l'impatto del mezzo televisivo e dei suoi contenuti. Fino a pochi anni fa la tv poteva raggiungere la maggioranza della popolazione attraverso pochi canali leader: era il mezzo più potente per l'informazione e la pubblicità. Oggi non solo quei canali sono cresciuti, in numero, di un ordine di grandezza, ma si sono moltiplicati i dispositivi attraverso i quali "guardare" la tv, e stanno cambiando profondamente, specie tra le fasce giovanili (ma non solo), le modalità con le quali si sceglie cosa vedere, quando e su quale *device*. C'è da ricostruire, in fretta, un nuovo sistema di monitoraggio e di comprensione dell'ascolto tv al servizio di un mercato che ha bisogno di una rappresentazione affidabile dei nuovi consumi televisivi.

Nel frattempo ci si interroga sul futuro dell'informazione, intesa come il sistema attraverso il quale si dà conto del mondo, attraverso schemi consolidati di rappresentazione, oggi messi in crisi alla radice dalla rete e dalla sua crescente potenza mediatica. Quesiti che, in qualche caso, somigliano a sinistre premonizioni. Come quella che il "Washington Post", nonostante gli eccellenti risultati della cura Bezos e gli effetti positivi sulle vendite della presidenza Trump, ha scelto come nuovo motto della testata. "Democracy dies in darkness", la democrazia muore nell'oscurità. Una massima dai toni insieme drammatici e classicheggianti, che non avrebbe sfigurato ai tempi della lotta civile ateniese contro il governo dei Trenta Tiranni, alla fine de V secolo a.C.

Del resto, le domande che affiorano da uno scenario come questo sono tante, le risposte quasi tutte provvisorie. Ad esempio, se scompare l'editoria come la conosciamo, chi saranno i suoi successori? Chi si occuperà di raccontarci la realtà, la verità (fosse pure quella "posteriore")? Chi formerà le pubbliche opinioni, prive di un'élite alla quale affidarsi e nella quale riconoscersi?

La crescente perdita di peso e di influenza dell'editoria tradizionale in Occidente (paradossalmente, nei sistemi dove non è ammessa una circolazione veramente libera di idee e informazioni, i media classici sono ancora in espansione) non è più una possibilità, ma un fenomeno che si manifesta fragorosamente in tutte le occasioni importanti di scelta, in primo luogo politica.

C'è una tendenza a trasferire sul piano delle emozioni il racconto un tempo affidato ai fatti. "La diminuzione dell'importanza dei fatti è associata con l'era digitale. C'era anche prima, a proposito di grandi temi controversi, come il cambiamento climatico. I social media l'hanno enormemente amplificata", osserva David Kaye, esperto delle Nazioni Unite in tema di libertà di parola e di stampa. "I fatti non funzionano", dichiara secco Arron Banks, uno degli ideatori della campagna pro-Brexit, "bisogna essere connessi con le persone emozionalmente"[3].

[3] *Social Media Alone Understood the Donald Trump Story*, "Financial Times", 10 novembre 2016.

Il declino dei quotidiani nella loro forma fisica, ormai molto pronunciato, e il loro trasferimento sulla rete in compagnia di un immenso flusso di informazioni, fantasticherie, leggende, indiscrezioni, teorie cospirazioniste, rabbia e disprezzo hanno fatto sì che le notizie, anche quelle veicolate da autorevoli brand editoriali, si confondessero con tutto il resto. Un grande rumore di fondo che ha fatto perdere alla notizia l'aura sacrale che ne faceva il luogo identitario del giornalismo, il terreno esclusivo dell'industria editoriale.

L'informazione, è bene ricordarlo, non è mai stata un prodotto destinato, in sé, a grandi masse di lettori. Come si è detto, essa è nata per le classi borghesi alle quali offriva un potente strumento di rappresentanza, e si è poi allargata con il graduale ingresso dei ceti popolari nel perimetro dell'alfabetismo, della formazione scolastica, del welfare. Passare dal mondo agricolo a quello urbano industrializzato ha comportato l'acquisizione di competenze per l'esecuzione di mansioni che non richiedevano solo forza e resistenza fisica e che ampliavano considerevolmente le relazioni sociali. C'erano poi i partiti, i movimenti politici, da noi la Chiesa cattolica, cinghie di trasmissione di visioni del mondo e strumenti di partecipazione attiva alla vita civile. Tutto questo ha sostenuto la crescita di quotidiani e periodici, che ha raggiunto il suo apice negli ultimi decenni del secolo scorso. Ma nel complesso i giornali sono rimasti ciò che erano all'inizio: le gazzette delle classi colte, dei segmenti produttivi più evoluti, del ceto medio in crescita numerica. Il grosso della popolazione si è sempre rivolto a intermediari capaci di interpretare e semplificare le informazioni. Poi, con l'arrivo dei grandi media come la radio e la tv, la platea si è molto ampliata senza che si accrescesse la cultura dell'informazione di gran parte della popolazione, rimasta distante dall'editoria tradizionale. Progressivamente i sistemi televisivi hanno occupato l'intera scena, dalle notizie all'intrattenimento, comprimendo il ruolo di quotidiani e periodici.

L'arrivo di Internet, concorrente multimediale di tutti i suoi predecessori, ha cannibalizzato, in varie forme, lettori e telespettatori. È un banchetto ancora in corso e destinato a durare fino a quando l'intero sistema non sarà stato completamente metabolizzato dalle piattaforme digitali.

Nella presente fase di "atomizzazione", come qualcuno la definisce, dei media è difficile scorgere un nuovo assetto e, soprattutto, un nuovo canone, etico ed estetico. La stampa – come la chiamiamo quasi universalmente anche se ci riferiamo a entità assai diverse tra loro – è sempre stata un coacervo di voci e di tendenze, in un mondo dominato, fino a qualche tempo fa, da gerarchie precise nel quale, però, non sono mai mancati gli scivolamenti verso il gossip, la menzogna, le campagne ad hoc, la personalizzazione estrema della notizia. Fu un grande intellettuale antiautoritario come Aleksandr Solženicyn a denunciare, quasi quarant'anni fa, questa tendenza della stampa occidentale. Una denuncia che possiamo considerare ancora attuale, se rivolta all'abuso delle informazioni false o improbabili che verifichiamo ovunque su Internet, in particolare sui social media.

Difficile, però, scorgere, in questa trasformazione della nostra cultura e del modo in cui rappresentiamo il mondo, semplicemente il potere insano di influenti piattaforme tecnologiche. C'è di mezzo qualcosa di più profondo e meno esplorato, che ha a che vedere con la narrazione della realtà ad opera non solo di supposte centrali, magari occulte, della manipolazione ma di milioni e milioni di individui al lavoro per raccontare, in un dialogo ininterrotto, la propria percezione, la propria piccola porzione di *mundus*. Che per gli antichi romani (come prima per i greci) non era il mondo "fuori", quello in cui si vive, o il cosmo verso cui, in alto, si estende il nostro sguardo, ma il mondo "sotto", che si apriva di tanto in tanto all'oscurità e agli abissi delle forze "ctonie" e delle divinità mai domate della natura primordiale, alla confusione possibile tra umano e non umano, tra vivi e morti. Qualcosa di simile a quanto accade oggi, grazie alla potenza della tecnologia che ci apre, appunto, le porte del mondo, provocando stupore e smarrimento, ma non ci dà, se non ne abbiamo un po' già noi, la cultura indispensabile per comprenderlo.

L'accesso istantaneo a tutte le voci che ribollono nello scorrere infinito e indistinguibile di verità e invenzioni, fa sì che "i fatti oggettivi siano meno influenti, nel formare la pubblica opinione, dell'appello alle emozioni e al proprio credo personale"[4]. Concetto, quello di pubblica opinione, destinato a sua volta a cambiare, vista l'estrema difficoltà di raccogliere opinioni stabili e definibili in un universo così mutevole di sentimenti e di orientamenti, che mettono in crisi profonda anche l'ampia schiera dei sondaggisti e dei ricercatori di mercato.

[4] Ipsos Mori, *Perils of Perception Survey 2016*: http://perils.ipsos.com/.

Quindi non solo *post-truth*, parola al centro di un dibattito che senz'altro dominerà da qui in avanti la scena dei media, vecchi e nuovi, ma anche rappresentazioni, che si alimentano oggi di una straordinaria fabbrica di stimoli, notizie, creazioni.

Il mercato dei media non è mai stato fatto solo di informazione. L'intrattenimento, con periodici di ogni tipo e fattura, ha fatto parte praticamente sin dall'inizio dei consumi mediatici moderni, e non si cibava di verità, né la proponeva ai suoi lettori. La sua missione era divertire, distrarre. Il gossip, come si chiama da un po' di tempo a questa parte il pettegolezzo sfrontato, era la sostanza stessa dei cosiddetti rotocalchi e resta, in fondo, ancora oggi l'approdo senza pensieri di una lettura dal parrucchiere o di un viaggio in treno. In sé, non c'è proprio nulla di sbagliato nell'immergersi nei resoconti semiseri di amori, tradimenti, complotti tra star del cinema o della tv o nell'apprendere le pseudo-verità di un ritratto familiare ad uso propagandistico di qualche politico o manager in cerca di visibilità.

Il problema nasce quando queste modalità invadono stabilmente il campo delle informazioni e si trasformano in una specie di trama segreta del mondo, per usare il titolo di un bel libro di Giulio Guidorizzi, nel linguaggio magico che occupa sempre di più lo spazio della realtà.

Così non stupisce che l'82% degli studenti delle medie e dei licei americani non sia in grado di distinguere, sui siti, un annuncio pubblicitario sponsorizzato da una notizia vera e propria e che, sempre negli Stati Uniti, quattro liceali su dieci credano senza esitazioni, sulla base dei titoli, che l'immagine di margherite deformi, postata su un sito di foto condivise, sia la prova degli effetti tossici delle esalazioni della centrale di Fukushima[5].

Immersi come siamo, e come sono in particolare i nostri giovani, nel magniloquente magazzino di notizie e di conoscenze della rete, è facile perdersi. "Il flusso costante e vorticoso dei social media [...] ci dà la pazza speranza utopistica che, con il giusto addestramento, potremo emergere vittoriosi dalla guerra contro il sovraccarico informativo", dice uno dei critici più aspri di Internet e dei suoi nuovi padroni, Evgeny Morozov. Secondo il quale "gettarsi nei flussi senza fine di Twitter non è molto diverso dall'acquistare compulsivamente libri nella speranza illusoria che un giorno li leggeremo"[6].

La sfida dei media per la sopravvivenza, in fondo, consiste in primo luogo nel prendere atto che la società che un tempo i media stessi dominavano non c'è più e che l'umanità, spente le attese illuministiche di individui e masse in continua evoluzione verso il bene e il meglio, è ancora capace di perdersi nella strabiliante ricostruzione radiofonica di un'invasione aliena. Come quella, memorabile, che realizzò Orson Welles nel 1938: adattando per la radio *La Guerra dei Mondi* di H.G. Wells provocò involontariamente un'improvvisa ondata di panico tra la popolazione,

[5] *Most Students Don't Know When News is Fake, Stanford Study Finds*, "The Wall Street Journal", 21 novembre 2016. L'articolo dà conto dei risultati di un'indagine effettuata dall'Università di Stanford, California, su un campione di 7.804 studenti delle medie e dei licei americani.

[6] Evgeny Morozov, *Silicon Valley: i signori del silicio*, Codice Edizioni, Torino, 2016.

convinta dal realismo della ricostruzione che davvero i marziani avessero invaso New York.

Tutti noi, in un periodo della storia segnato dalla frustrazione e dal turbamento, dalla paura e dall'incertezza, cerchiamo nuovi riferimenti. Uomini forti capaci di placare le nostre ansie e di risolvere la complessità del reale, come dicono i sondaggi, o muri per tenere lontano da noi guerre e disperazione.

Nel frattempo, sono cambiati, e per sempre, i presupposti che hanno dato vita ai media così come li conosciamo. L'equazione economica che fino a pochi anni fa li ha nutriti e resi prosperi va ripensata, perché ormai non è più sostenibile. La missione, con tutta probabilità, non sarà più quella di raccogliere lettori attorno a un prodotto, ma di cercarli ovunque possano essere raggiunti da notizie. Coinvolgendoli nelle comunità di interessi. Ricostruendo in forme inedite la frammentarietà del mondo. Certificando il vero, stigmatizzando il falso. Competendo su velocità, credibilità, qualità delle informazioni e delle rappresentazioni.

L'informazione diventerà definitivamente liquida, per usare il temine caro a Zygmunt Bauman, nel senso che circolerà nelle reti distributive digitali come un prodotto immateriale, proteiforme, sempre disponibile, avvolto da milioni di conversazioni individuali di cui tornerà, forse, ad essere protagonista. I ricavi nasceranno da lì, da questi nuovi compiti piuttosto che dalla vendita di spazi pubblicitari, che nel frattempo avranno perso forma e funzione.

Qualcosa di simile accadrà ai media più potenti, quelli televisivi. La progressiva indipendenza dall'apparecchio tv, la fine dell'abitudine all'ascolto in famiglia o in gruppo, l'offerta crescente di accessi e programmi su reti telefoniche ridisegnerà inevitabilmente struttura e ricavi dei broadcaster, con i contenuti a indicare la via del cambiamento alla ricerca di audience sempre più segmentate. Quantità e qualità del consumo televisivo in pochi anni si sono profondamente trasformate e siamo solo agli inizi di un processo destinato ad accelerare molto rapidamente.

Intanto, i nuovi media sono già nati. Sono le piattaforme social, appena agli albori, se ci pensiamo, della loro vita adulta, a muovere i propri passi nel futuro dell'informazione, della pubblicità, della comunicazione. Vedremo se l'eredità secolare dell'editoria, che ha fornito all'Occidente, tra conflitti sanguinari e straordinarie invenzioni, le basi per la sua lunga supremazia culturale ed economica, saprà trasfondersi nelle vene delle nuove realtà digitali. Come il sangue fresco di una nuova generazione, di una nuova polis, di un'antica civiltà ancora capace di rinnovarsi.

BIBLIOGRAFIA ESSENZIALE

Bharat Anand, *The Content Trap. A Strategist's Guide to Digital Change*, Random House, New York, 2016.

Oliviero Bergamini, *La democrazia della stampa. Storia del giornalismo*, Laterza, Roma-Bari, 2016, prima ed. 2006.

Vanni Codeluppi, *Ipermondo. Dieci chiavi per capire il presente*, Laterza, Roma-Bari, 2012.

Vanni Codeluppi, *Storia della pubblicità italiana*, Carocci, Roma, 2013.

Vanni Codeluppi, *I media siamo noi*, Franco Angeli, Milano, 2014.

Giulia Cogoli (a cura di), *Un mondo condiviso*, Laterza, Roma-Bari, 2016.

Nick Couldry, *Sociologia dei nuovi media*, Pearson, Milano, 2015.

Derrick de Kerckhove, *Dall'alfabeto a Internet*, Mimesis, Milano-Udine, 2009.

Derrick de Kerckhove, *La rete ci renderà stupidi?*, Castelvecchi, Roma, 2015.

Ilvo Diamanti, *Password. Renzi, la Juve e altre questioni italiane*, Feltrinelli, Milano, 2016.

Timothy Garton Ash, *Free Speech. Ten Principles for a Connected World*, Atlantic Books, London, 2016.

Emilio Gentile, *"In democrazia il popolo è sempre sovrano". Falso!*, Laterza, Roma-Bari, 2016.

Henry Jenkins, *Cultura convergente*, Apogeo, Milano, 2007.

Jerry Kaplan, *Le persone non servono. Lavoro e ricchezza nell'era dell'intelligenza artificiale*, Luiss University Press, Roma, 2016.

Mark McKinnon (a cura di), *Social Media. Facebook, Twitter, and The Modern Revolution*, Lightning Guides, Berkeley, 2015.

Enrico Menduni, *Televisione e radio nel XXI secolo*, Laterza, Roma-Bari, 2016.

Evgeny Morozov, *Silicon Valley: i signori del silicio*, Codice Edizioni, Torino, 2016.

Vance Packard, *I persuasori occulti*, Einaudi, Torino, 2015.

Nando Pagnoncelli, *Dare i numeri. Le percezioni sbagliate sulla realtà sociale*, Edb, Bologna, 2016.

Pew Research Center, *State of the News Media 2016*, www.pewresearch.org.

Neil Postman, *Divertirsi da morire. Il discorso pubblico nell'era dello spettacolo*, Marsilio, Padova, 2002, prima ed. italiana Bollati Boringhieri, Torino, 1985.

Neil Postman, *Technopoly. La resa della cultura alla tecnologia*, Bollati Boringhieri, Torino, 2003.

Neil Postman, *Come sopravvivere al futuro. Dalla tecnologia al progresso, dalla democrazia all'informazione*, Orme Editori, Milano, 2006.

Ari Rabin-Havt e Media Matters for America, *Lies, Incorporated. The World of Post Truth Politics*, Anchor Books (Penguin Random House), New York, 2016.

Matteo Sarzana, *App Economy*, Egea, Milano, 2016.

Nate Silver, *Il segnale e il rumore. Arte e scienza della previsione*, Fandango, Roma, 2013.

Marta Torres (publisher), *Innovation in News Media. World Report 2016*, Innovation Media Consulting Group, London, 2016.

RINGRAZIAMENTI

Desidero ringraziare Raffaele Pastore, direttore studi e ricerche dell'Upa (Utenti Pubblicità Associati), per le preziose elaborazioni sui dati Auditel e Ads di cui, grazie al suo aiuto, ho potuto disporre; Ugo Panerai, per le attente verifiche su riferimenti e fonti; Giulia Cogoli per gli incoraggiamenti e gli utili consigli. Eventuali errori o imprecisioni sono da attribuire esclusivamente al sottoscritto.

INDICE